XHOSA
Dictionary &
Phrasebook

XHOSA
Dictionary &
Phrasebook

Compiled by
Mantoa Motinyane-Masoko
and Aquilina Mawadza

Hippocrene Books, Inc.
New York

For more information, address:
HIPPOCRENE BOOKS, INC.
171 Madison Ave.
New York, NY 10016
www.hippocrenebooks.com

Library of Congress Cataloging-in-Publication Data

Names: Motinyane-Masoko, Mantoa, author. | Mawadza, Aquilina,
    author.
Title: Xhosa-English/English-Xhosa dictionary & phrasebook /
    compiled by Mantoa Motinyane-Masoko and Aquilina Mawadza.
Other titles: Xhosa-English/English-Xhosa dictionary and phrasebook
Description: New York : Hippocrene Books, Inc., 2017.
Identifiers: LCCN 2017037712| ISBN 9780781813631 (pbk.) |
    ISBN 0781813638 (pbk.)
Subjects: LCSH: Xhosa language--Dictionaries--English. | English
    language--Dictionaries--Xhosa. | Xhosa language--Conversation
    and phrase books--English.
Classification: LCC PL8795.4 .M68 2017 | DDC 496.3985321--dc23
LC record available at https://lccn.loc.gov/2017037712

CONTENTS

INTRODUCTION
to Xhosa

Xhosa (also known as IsiXhosa) is a South Eastern Bantu language spoken by about 8.2 million speakers as a mother-tongue in South Africa, about 18 percent of the population. It is one of the eleven official languages of South Africa. Xhosa is closely related to the other Nguni languages, isiZulu, isiNdebele, and isiSwati. Also, like other Bantu languages, Xhosa is a tonal language. Tone can be used to mark grammar as well as semantics. It is known for its click consonants and their modifications, represented by the letters **c** (**dental click** / comparable to a sucking of teeth, as the sound one makes for 'tsk tsk'), **q** (**palatal click** / comparable to a bottle top 'pop'), and **x** (**lateral click** / comparable to a click made when imitating the sound of a horse trot) which are sounds associated with the Khoisan languages of Southern Africa. It is believed that these sounds became part of the language through a special register used by married women referred to as *Ukuhlonipha*. (A language variety where married women avoid syllables or sound sequences that resemble the name of the male in-laws.) Xhosa is also considered one of the provincial languages in the Western Cape and Eastern Cape Provinces where the majority of the speakers are concentrated. The variations of the name—Xosa, Xhosa, and isiXhosa—reflect the history and development of orthographies in Southern Africa. The speakers refer to themselves as *amaXhosa* and to the language as *isiXhosa*. The dialects of isiXhosa consist of isiMpondo, isiXesibe, isiBomvana, isiGcaleka, isiNgqika, isiThembu, isiMpondomise, isiBhaca, and isiHlubi. The written form of isiXhosa is based on isiNgqika which is closely related to isiGcaleka and isiThembu.

XHOSA ALPHABET

LETTER/ SOUND	PRONUNCIATION
a	*as in English* cut
b	*as in English* blanket
c	*(voiceless dental click)*
ch	*(dental click)*
d	*as in English* dear *(devoiced)*
dl	*(no English equivalent)*
dy	*(no English equivalent)*
dz	*(no English equivalent)*
e	*as in English* yes
f	*as in English* **fi**eld
g	*as in English* go

gc	*(voiced dental click)*
gq	*(voiced palatal click)*
gr	*as in English* **gr**and
gx	*(voiced alveolar lateral click)*
h	*as in English* **h**ome
hl	*(voiceless lateral fricative)*
i	*as in English* sh**ee**t
j	*as in English* **j**oke
k	*(this is an ejective)*
kh	*as in English* **k**ite
l	*as in English* s**l**eep
m	*as in English* **m**om
mb	*as in English* thu**mb**
mf	*as in English* triu**mph**
mv	*(prenasalised labiodental fricative)*
n	*as in English* **n**one
nc	*(nasalized dental click)*
nd	*as in English* I**nd**ia
ndl	*(prenasalised lateral fricative)*
ng	*as in English* du**ng**aree
ngc	*(nasalised voiced dental click)*
ngq	*(nasalized voiced palatal click)*
ngx	*(nasalized voiced lateral click)*
nj	*as in English* i**nj**ury
nk	*as in English* tha**nk**s
nkc	*(voiced dental click)*

nkq	*(palatal click)*
nkx	*(alveolar lateral click)*
nq	*(palatal click)*
nt	*as in English* into
ntl	*(no English equivalent)*
nts	*(no English equivalent)*
ntsh	*(no English equivalent)*
nx	*(alveolar lateral click)*
ny	*(no English equivalent)*
nz	*(no English equivalent)*
o	*as in English* hello
p	*(ejective)*
ph	*as in English* paper
q	*(palatal click)*
qh	*(aspirated palatal click)*
r	*as in English* rubber
rh	*(voiceless velar fricative)*
s	*as in English* sand
sh	*as in English* show
t	*as in English* street
th	*as in English* take
ts	*as in English* pants
tsh	*(voiceless postalveolar fricative)*
ty	*(voiceless postalveolar plosive)*
tyh	*(aspirated voiceless postalveolar plosive)*
tr	*as in English* trap

u	*as in English* **boo**t
v	*as in English* **v**an
w	*as in English* **w**eek
x	*(lateral click)*
xh	*(aspirated lateral click)*
y	*as in English* **y**earn
z	*as in English* **z**ombie

XHOSA GRAMMAR

• Syntactically, isiXhosa verbs may be:

1. Transitive

Monotransitive:
Abantwana batya isonka.
Children eat bread.

Diatrasitive:
Umama utyisa abantwana isonka.
Mother feeds the children bread.

2. Intransitive

Example: *Baleka.* "Run."   *Lala.* "Sleep."

Intransitive verbs can be **locative**:
<u>*Uhleli*</u> *esitulweni.* "He/She <u>sat</u> on the chair."
<u>*Uhleli*</u> *endlwini.* "He is <u>sitting</u> in the house."

Or **motion verbs**:
<u>*Goduka.*</u> "<u>Go</u> home."
Yiz' apha. "Come here."

• **Sentence construction in isiXhosa takes this syntactic structure:**

SVI (Subject Verb Intransitive):

Uhambile. "He/She left."
(from *ukuhamba* "to leave")

SVO (Subject Verb transitive, i.e., Direct Object):

Utye inyama. "He/She ate beef."
(from *ukutya* "to eat")

SVOO (Subject + Verb + Indirect Object + Direct Object):

Unike umntwana intlanzi.
"He/She has given the child fish."

SVC (Subject + Verb + Complement):

Umntwana mhle. "The child is beautiful."
Abantwana badala. "The children are old."

Although this is the basic word order, subjects and objects can be moved around as long as the agreement remains constant on the verb. IsiXhosa is also a pro-drop language, which means that sentences do not require a lexical subject as long as this is represented in the form of agreement. The above sentences are acceptable in this form:

Mhle. "She/He is beautiful."
Badala. "They are old."

• Verb Conjugation

Verb conjugation takes place on both edges of the verb root. For example, tense is marked on the left edge of the verb as well as the right edge of the verb. Tense, aspect, and mood are marked in this manner in isiXhosa.

Here are some examples using the verb *sela* "to drink":

Present Tense:
Umntwana usela amanzi ngoku.
"The child drinks/is drinking water today."

Future Tense:
Umntwana uza kusela amanzi ngomso.
"The child will drink water tomorrow."

Recent Past Tense:
Umntwana usele amanzi izolo.
"The child drank water yesterday."

Remote Past Tense:
Umntwana wasela amanzi kudala kakhulu.
"The child drank water a long time ago."

Negation is marked in a similar manner where the conjugation occurs on both sides of the verb:

Present Tense:
Umntwana akaseli manzi ngoku.
"The child does not drink/is not drinking water today."

Future Tense:
Umntwana akazi kusela amanzi ngomso.
"The child will not drink water tomorrow."

Recent Past Tense:
Umntwana akaselanga manzi izolo.
"The child did not drink water yesterday."

Remote Past Tense:
Umntwana khange asele amanzi kudala kakhulu.
"The child didn't drink water a long time ago."

Note that the equivalent to past tense in English is represented in two ways. Also, unlike in English, the agreement between the noun and the verb is also sensitive to tense marking.

• **Noun Classes**

Noun classes **usually** function in pairs of singular/plural (See 1-2, 3-4, 5-6, 7-8, 9-10 below). The rest of the classes don't apply the rule. For example, some nouns found in Class 9 have their plural form in Class 6. Some nouns in Class 11 have a split between Class 6 and Class 10. Although there are semantic classes as well, the classes have become somewhat blurred with the exception of Classes 1 and 2. You will also note that Classes 1 and 2 have sub-classes: (a) and (b). These sub-classifications were proposed by Doke based on the fact that they are phonologically and semantically coherent. They were however made sub-classes of 1 and 2 because they use the same subject agreement marker.

The noun classes in isiXhosa are a representation of third person in English, as illustrated below:

	Singular	Plural
1st person	ndi-	si-
2nd person	u-	ni-
3rd person	u-	ba

t Person Noun Classes

OUN LASS	NOUN CLASS PREFIX	EXAMPLE	SENTENCE
	um-	*umntu* person	*Umntu omdala ufikile.* The adult (older person) arrived.
a	u-	*umalume* uncle	*Umalume uyasebenza.* Uncle is working.
	aba- abe-	*abantu* people	*Abantu bayasebenza.* The people are working.
a	oo-	*oomalume* uncles	*Oomalume bayancokola.* The uncles are working.
	um-	*umzi* home	*Lo ngumzi wam.* This is my home.
	imi-	*imizi* homes	*Le yimizi yethu.* These are our homes.
	i- ili-	*idolo* knee *ilifu* cloud	*Idolo libuhlungu.* The knee is painful.
	ama-	*amadolo* knees	*Amadolo adiniwe.* The knees are tired.
	isi- is-	*isiselo* drink *isonka* bread	*Isiselo sibandla kakhulu.* The drink is very cold.
	izi- iz-	*iziselo* drinks *izonka* bread *(pl.)*	*Iziselo ziphelile.* The drinks are finished.
	i- in- im-	*itafile* table *inja* dog *impumlo* nose	*Itafile yam yophukile.* My table is broken.
0	ii- iin-izin- iim-	*iitafile* tables *izinja* dogs *iimpumlo* noses	*Izinja zokhonkotha ebusuku.* The dogs bark at night.

11	u- ulu-	*usana* baby *uluvo* opinion	*Luyakhala usana lwa* Your baby is crying.
14	ubu-	*ubusuku* night	*Obu busuku bude* *kakhulu.* This night is very lon
15	uku-	*ukutya* food	*Ukutya kumnandi.* The food is very nice

Some notes on noun classes

Certain noun classes have more than one variant.
These are phonologically conditioned and in other
instances semantically motivated. For example, in
Class 5, the noun class prefix *i-* is used with disyl-
labic noun stems and *ili-* is used with monosyllabic
stems. This is the case with Classes 11 and 14 as
well. In other instances, such as Class 7, *isi-* is used
with stems beginning with consonants whereas *is-*
is reserved for vowel commencing noun stems. In
the case of Class 9, the prefix *i-* is for nouns whose
initial consonant does not resemble any of the other
classes, these are mostly borrowed words. The *in-* is
a variation where *im-* is associated with the labials
and *in-* elsewhere.

In terms of agreement, the noun class prefixes
determine the agreement number (singular/plural)
as exemplified below:

Abantwana abadala abazithobileyo bahlopnipha umzali wa
"The old children who humble themselves respect their pare

    Abantwana: **2. children**
    abadala: **2. AC-old**
    abazithobileyo: **2. RC.REFL-humble**
    bahlopnipha: **2. SM-respect**
    umzali: **1. Parent**
    wa**bo**: **1. their**

Abbreviations

adj.	adjective
adv.	adverb
anat.	anatomical
Br.	British
gram.	grammatical
interj.	interjection
n.	noun
phr.	phrase
prep.	preposition
pron.	pronoun
v.	verb

A Note about hyphens in dictionary

As can be noted from the brief description in the Grammar section above, nouns and verbs are not free standing. Their agreement markers are attached to them. The division between the noun and the agreement markers is often indicated by a hyphen. For example, the word "green" appears as "-luhlaza" in a dictionary. The hyphen means that the word requires a marker which is often determined by the subject noun.

XHOSA-ENGLISH
DICTIONARY

A

abantu folk, people
abasebenzi staff
ahlukeneyo *(adj.)* separate
ahlukile different
ahlula *(v.)* separate
-akudala antique
akukho nto nothing
akutshaywa non-smoking
amabhovu moustache
amacala directions
amafutha *(n.)* fat; accelerator *(gas pedal)*
amahlathi woods
amalungelo abantu human rights
-amalungu organic
amandla energy, might, power
amandongomane nuts, peanuts
amanzi water
Amanzwe amanyeneyo United States
amashumi alithoba ninety
amashumi amabini twenty
amashumi amahlanu fifty
amashumi amane forty
amashumi amathathu thirty
amashumi asibhozo eighty
amashumi asithandathu sixty
amashumi asixhenxe seventy
amashwamshwam *(n.)* snack
amava experience
amaza amafutshane kakhulu microwave

amkela accept
-amkelekile welcome
amsiko customs *(cultural)*
amziko entsebenzo ombuso infrastructure
anele enough
anga *(v.)* kiss
apha here
apho there
ayinanto empty
azi know

B

ba steal
baleka run
bamba *(v.)* catch
bambela substitute
-banda *(adj.)* cold
bani who
betha *(v.)* ring
betha instimbi *(v.)* toll
betha ngengqindi *(v.)* punch *(hit)*
betha umlozi *(v.)* whistle
bhabha *(v.)* fly
bhala write
bhatala *(v.)* pay
bhatele paid
bhityile thin
-bi bad
-bihlungu painful
bika express
bila sweat
bilisa *(v.)* boil

-biweyo stolen
biza pronounce, call
-blowu blue
bola rot
boleka *(v.)* loan
bolile rotten
bomvu red
bona *(v.)* see / *(pron.)* they
bonisa *(v.)* exhibit, show
bopha *(v.)* tie
buhlungu *(adj.)* sore
bukela view
bukhali sharp
bulala kill
buthathaka sensitive
buya return
buyisela endaweni yayo replace
buyisela imali *(v.)* repay, refund
buyisela umva postpone
buza *(v.)* question, ask a question

C

cacileyo *(rel.)* plain
cacisa explain
caphukisa irritate
cela *(v.)* request, ask *(for permission/help)*
chanekile accurate
chasene na- against
chaza *(v.)* comb
chitha imali spend
-chubekileyo polite
chukumisa touch

chwetheza *(v.)* type
cima cancel
cinga think
coca *(v.)* clean
cocekile *(v.)* clean
cocekileyo pure
cotha slow
cula sing

D

-dala old
danisa dance
-de tall, long
de until
dibana *(v.)* meet
dibanisa mix, add; knit
dinga *(v.)* need
dinisa *(v.)* tire
dlala *(v.)* play
dubula *(v.)* shoot

E

ecaleni kwa- next to
edolophini downtown; town
ekugqibeleni eventually
ekujikeleni around
ekunene *(n.)* right
elona likhulu maximum
emadlakeni cemetery
emhlabeni *(adj.)* ground
emin' emaqanda noon

emini daytime, day
empuma east
emva behind
emva kwa- after
emva kwemini afternoon
emva kwexesha late
engahlawulisi rhafu duty-free
engaphelelanga insufficient
-engqondo mental
enkosi thank you
enothamdo romantic
entla north
entla-mpuma northeast
entla-ntshona northwest
entshona west
enza *(v.)* act, do, make
enzakalisa hurt
esi this
esinga kwicala elinye one-way
-esithethe traditional
-ethu our
ewe yes
eyedwa individual
eyeDwarha October
eyeKhala July
eyekhaya domestic
eyelinye ilizwe foreign
eyeNkanga November
eyeSilimela June
eyeThupha August
eyombane electric
eyoMdumba February
eyoMnga December

eyoMqungu January
eyoMsintsi September
eyona njl maximum
eyoqobo concrete
eYurophu Europe
ezantsi down
ezi this
ezinzulwini zobusuku midnight
-ezizwe international
ezolimo agriculture
ezopolotiko politics

F

fa *(v.)* die *(about animals)*
faka deposit
faka inombolo *(v.)* dial
fanayo same
fanele fit
fanelekile fitting
fezekisa perfect
fihla conceal
fihlakele private
fika arrive
file *(adj.)* dead *(about animals)*
fuduka evacuate
fudumele warm
fumana find, get
fumana kwakhona retrieve
fumaneka available
funa require, want, seek, search
funda learn, study, read
funga swear

futhi often
futshane short

G

gada *(v.)* guard
galela pour
gcayisela *(v.)* trap
gcina *(v.)* keep, reserve, save, store
gcwele full
gibisela throw
ginya *(v.)* swallow
gonya vaccinate
gqiba decide; exhaust
-gqibela last
gqobhoza puncture
gudileyo *(adj.)* smooth
gula sick
gunxula flush
guqula *(v.)* reverse, change
guqulela translate; alter
gweba *(v.)* referee

H

hamba *(v.)* move, walk, travel; leave, go, evacuate
hamba ngesikhephe *(v.)* sail
hamba ze naked
hambile *(v.)* left
hayi no
heke *(interj.)* well
heyi *(interj.)* hey
hlafuna chew

hlala sit; stay
hlamba wash
hlangabezana *(v.)* compromise
hlangula rescue
hlanza *(v.)* vomit
hlasela *(v.)* assault, attack
hlawula *(v.)* pay
-hle beautiful, nice
hleka laugh
hlekisayo funny
hleli awake
hlola examine, inspect
hlonipha *(v.)* respect

I

iakhawunti account
iakhawunti yebhanki bank account
iakile acre (0.4 hectares)
ialamu *(n.)* alarm
ialamu yomlilo fire alarm
ialeji allergy
ialmondi almond
iambulensi ambulance
iapile apple
iapilkosi apricot
iasi axle
iaspirini aspirin
i-ATM ATM
iayini iron *(appliance)*
ibafu bath
ibala *(sports)* field, stadium
ibanjwa prisoner

ibhadi impala; springbok
ibhakethi basket
ibhalkoni balcony
ibhanana banana
ibhandeji bandage
ibhanki bank
ibhanti lokuzibophelela emotweni seat belt
ibhari *(n.)* bar *(place for drinking)*
ibhasi bus
ibhaskethi yokuthenga shopping basket
ibhaso prize
ibhayibhile bible
ibhayisekile bicycle
ibhedi bed
ibheti bat *(sports equipment)*
ibhetri battery
ibhinqa female
ibhiya beer
ibhokisi *(n.)* box
ibhokisi yeposi postbox
ibhola ball
ibhola ekhatywayo football (soccer)
ibhola yomnatha basketball
ibhoma orchard
ibhomu bomb
ibhotile bottle
ibhotolo butter
ibhulorhwe bridge
ibhulukwe pants
ibhunga lokuqingqa imithetho senate
ibhuti trunk *(of car)*, boot *(Br.)*
ibinzana phrase
iblakfesi breakfast
iblanti brandy

ibrashi yokucoca amazinyo toothbrush
ibunzi forehead
ibuzi rat
icala side; direction
icandelo section
icawe chapel
iCD CD
icephe spoon
i-chess chess
ichibi lake; pool
ichibi lokudada swimming pool
ichiza chemical
icikilishe lizard
iciko fluent
icwecwe postcard
idabi *(n.)* battle
idama reservoir
idangatye flame
idawo yangasese private property
idayi dye
idazini dozen
ideki deck
idemokrasi democracy
idepho depot
ideri dairy
idesika desk
idesika yangaphambili front desk
idesika yeenkcukacha information desk
idikshinari dictionary
idilesi *(n.)* address
idiliya grape
idinala dinner
idinga appointment
idizile diesel
idoksi dock
idola dollar
idolo knee

idreyini drain
idrowa drawer
iDVD DVD
idyasi coat
idyungudyungu blister
ienjini engine
iertyisi pea
ifani surname
ifatyi barrel
ifeksi *(n.)* fax
ifele leather
ifemeli family
ifenitshala furniture
ifestile window
ifilimu *(n.)* film
ifiva fever
iflawa flour
iflegi flag
iflethi flat
iflu flu, influenza
ifolokhwe fork
ifoni *(n.)* phone, telephone
ifoni ehambayo mobile phone
ifoni kawonke-wonke public telephone
ifoto photograph
ifoyile yealuminiyum aluminum foil
ifriji refrigerator
igadi *(n.)* garden
igama name; word
igazi blood
igcisa lengqondo psychologist
igeri gear
iglasi glass
iglu glue
igolide gold
igqwetha lawyer
igrama grammar

igramu gram
igumbi room
igumbi langasese private room
igumbi lemo yokuxakeka emergency room
igumbi lenkomfa conference room
igumbi lentlangano salon
igumbi lokuhlambela bathroom
igumbi lokulala bedroom
igumbi lokulinganisa fitting room
igumbi lokungena lobby
igumbi lokuphekela kitchen
igumbi lokuphumla lounge
igumbi lokutshintsha changing room
igumbi lokutyandela surgery
igumbi lokutyela dining room
igunya authority, reference
igusha sheep
igwava guava
igwele yeast
igwiba refuge
igxalaba shoulder
ihagu pig
ihapulusaka knapsack
ihashe horse
ihempe shirt
ihetele hotel
i-HIV HIV
ihlathi forest
ihlathi lendalo jungle
ihlobo summer
ihlomela ledolophu suburb
ihlosi cheetah
ihobe pigeon
iholide vacation, holiday
iholo hall
ihosteli hostel
ihotele *(adv.)* most

iiglasi zamehlo eyeglasses
iilwimi zamanye amazwe foreign languages
iimbiza nezitya zodongwe pottery
i-imeyile e-mail
iimpahla clothing; supplies, kit
iimpahla ezihlanzwayo laundry
iindaba news
iindondo eyeglasses
iingubo bedding
iinkcukacha information
i-inki ink
iinkomo cattle
iinkosikazi woman
iinkuku poultry
iinkuni firewood, wood
i-inshorensi yempilo health insurance
i-insulini insulin
iintambo zokujampa jumper cables
I-inthanethi Internet
I-inthanethi engasebenzisi cingo wireless Internet
iintonga zokuhamba crutches
iipilisi zokulala sleeping pills
ijagi jug
ijaji *(n.)* judge
ijakethi jacket
ijam jam
ijele prison
ijewelari jewelry
ijim gym
ijin gin
ijini jeans
ijoni soldier
ijusi juice
ijusi yeapile apple juice
ijusi yeorenji orange juice
ikama *(n.)* comb
ikati cat

ikawusi sock
iketile kettle
ikeyiki cake
ikhabinethi cabinet
ikhadi card
ikhadi lefoni phone card
ikhadi le-ID ID card
ikhadi yetyala credit card
ikhalenda calendar
ikhamandela chain
ikhamera camera
ikhampani company
ikhampani yendlela zomoya airline
ikhapethi carpet
ikhapetshu cabbage
ikhaya home
ikhefi café
ikhefu *(n.)* leave, holiday
ikhemisti pharmacy
ikheyiji cage
ikhitshi kitchen
ikhokho cocoa
ikhokhonathi coconut
ikhompyuta computer
ikhompyutha encinci laptop *(computer)*
ikhondomu condom
ikhonsati concert
ikhothini cotton
ikhowa mushroom
ikhowudi yelizwe country code
ikhowudi yeposi postal code
ikhowudi yokufowuna dialing code
ikhrimu yokukhusela elangeni sunblock
ikhrimu yokusheva shaving cream
ikhulu hundred
ikhulu leminyaka century
ikilogramu kilogram

ikilomitha kilometer
ikiti yonvedo lokuqala first-aid kit
iklasi class
iklasi yokuqala first-class
ikliniki clinic
ikofu coffee
ikom basin
ikomityi cup
ilali village
ilamuni lemon
ilanga sun
ilantshi lunch
ilaphu cloth, fabric
ilayibrari library
ilayisensi license
ilayisensi yokuloba fishing license
ilayisensi yokuqhuba driver's license
ilebhile tag
ilekese candy
ilepthop laptop
iletha letter *(of alphabet)*
ilethasi lettuce
ilifti elevator, lift *(Br.)*
iliso eye
ilitha liter
ilitye stone
ilitye lesikhumbuzo monument
iliwa *(n.)* rock; cliff
ilizwe country; world
ilizwi voice
ilobsta lobster
ilofu loaf
ilokhari locker
ilokhwe *(n.)* dress
ilokishi location
ilori truck
ilulwane bat *(animal)*

ilungu *(anat.)* member, organ
ilungu lecawe Protestant
ilungu leseneti senator
ilungu lolaleliso spare part
imakethi flea market
imali *(n.)* cash, money
imali yelinye ilizwe foreign currency
imali yelizwe currency
imali yengqesho *(n.)* rent
imaphu map
imaphu yendlela road map
imarike marketplace
imatrasi mattress
imayile mile
imbadada sandals
imbalala buck *(animal)*
imbaza mussels
imbewu seed
imbiza pot
imbolekiso *(n.)* loan
imbonakalo yelizwe scenery
imbotyi bean
imbumbulu bullet
imbuyekezo compensation
imbuyekezo repayment
imbuyiselo *(n.)* refund
imeko state
imela knife
imengo mango
imenyu menu
imfazwe war
imfene baboon
imfihlakalo mystery
imfihlelo privacy, secret
imfundo education
imfuno *(n.)* demand
imidlalo sports

imini emaqanda midday
iminyaka age
iminyaka elishumi decade
imitha meter
imithwalo baggage
imo yezulu climate
imo yoxakeko emergency
imoto automobile, car; motor
imoto ezitshinsthayo automatic transmission
imoto yokulala sleeping car
imozulu weather
impangele guinea fowl
impelaveki weekend
impempe siren
impilo health; life
impilo yasebusuku nightlife
impofu eland *(African antelope)*
impompo faucet, pump
impukane *(n.)* fly *(insect)*
impuku mouse
impumlo nose
impungutye jackal
imuziyam museum
imvelaphi source
imveliso product
imvula *(n.)* rain
imvulophu envelope
imvume *(n.)* permission, permit, sanction
imvume yokungena kwelinye ilizwe visa
imvumi musician
inaliti needle
inani amount
inapkeni diaper
inawo ethambekileyo ramp
incam *(n.)* tip
inciniba ostrich
incopho peak

incwadi book; letter *(written note)*
incwadi yesikhokelo guidebook
incwadi yokufundisa *(n.)* manual
indalo nature
indawo area, place, location
indawo eneevenkile ezininzi shopping center
indawo engcwele sanctuary
indawo oya kuyo destination
indawo yokuhlala accommodation; settlement
indawo yokuhlamba iimpahla ngematshini
  laundromat
indawo yokukhangelwa checkpoint
indawo yokungena entrance
indawo yokupaka parking
indawo yokuthengisa *(n.)* stand
indlavini *(n.)* rebel
indlebe ear
indlebe ebuhlungu earache
indledlana footpath, lane
indledlana esecaleni lendlela pavement
indledlana phakathi kweakhiwo alley
indledlana phakathi kwezitulo ecaweni aisle
indleko expense
indlela avenue, path, road, route
indlela yokuthetha accent
indlovu elephant
indlu apartment; house
indlu engaphantsi komhlaba basement
indlu yabahambi inn
indlu yangasese lavatory
indlu yefoni phone booth
indlu yenkonzo cathedral, temple
indlu yenkonzo yamaIslam mosque
indlulamthi giraffe
indoda man
indudumo thunder
induli hill

inefenitshala furnished
inenekazi lady
ingalo *(n.)* arm *(anat.)*
ingca grass
ingcaphephe professional
ingcinga idea, thought
ingcongconi mosquito
ingoma song
ingomso future
ingonyama lion
ingozi accident; danger, hazard, risk
ingqayi jar
ingqele *(n.)* cold *(illness)*
ingqele yamathambo arthritis
ingqolowa wheat
ingubo blanket
ingwane octopus
ingwe leopard
ingwenya crocodile
ingxaki problem
ingxolo noise
ingxowa bag
ingxowa yokulala sleeping bag
inja dog
injineli engineer
injingalwazi professor
injongo purpose
inkabi yenkomo bull
inkampu camp
inkawu monkey
inkcasa taste
inkcubeko culture
inkohla puzzle
inkokheli leader
inkomfa conference
inkonkomire cucumber
inkonzo church; service *(religious)*

inkqubo program
inkuku chicken
inkuku eqhotsiweyo fried chicken
inkukuma litter
inkundla yamatyala court
inkungu fog
inkunkuma trash
inkwenkwe boy
inombolo number
inombolo yefoni phone number
inombolo yesitulo seat number
inombolo yokubhabha flight number
inqaku note, point
inqanawa *(n.)* ship
inqindi fist
inqwelo cart, vehicle
inqwelo-moya airplane
insthulube worm
intaba mountain
intakumba flea
intambo cable, cord, rope
intamo neck
intatheli journalist, reporter
intengiso advertisement; sale
intengo ephantsi cheap
intente tent
intlabathi sand
intlama dough
intlama yamazinyo toothpaste
intlama yekeyiki pastry
intlanganiso meeting
intlango desert
intlanzi fish
intlanzi eneqokobhe shellfish
intlawulo commission, pay; payment
intlekele disaster
intliziyo heart

intloko *(adj.)* chief, head
intloko ebuhlunga ngamaxesha onke migraine
intlonelo courtesy
intlonipho *(n.)* respect
intlungu pain
into item, something, thing
into yokugxotha izinambuzane insect repellant
intolongo prison, jail
intombazana girl
intombi daughter; maid
intsasa dawn, morning
intshabalalo ruins
intsholongwane virus
intsimbi bell; o'clock; metal, iron
intsimbi yokuloba fishing rod
intsimbi yomqala necklace
intso kidney
intsongelo *(n.)* threat
intwala lice
intwana some
intwasahlobo *(n.)* spring *(season)*
intyatyambo flower
inxagu warthog
inxina mint
inyama meat
inyama oyojiweyo roast meat
inyama yebhokhwe goat meat
inyama yegusha lamb *(meat)*
inyama yehagu pork
inyama yenkomo beef
inyama yenkuku chicken *(meat)*
inyamakazi game *(animal)*
inyanga month; moon
inyaniso *(n.)* truth / *(adj.)* true
inyathelo *(n.)* step
inyathi buffalo
inyikima yomhlaba earthquake

inyoka snake
inyosi bee
inzaka *(n.)* native
inzululwazi science
iofisi office
ioksijini oxygen
ionti oven
iorenji orange
iorkhestra orchestra
ioyile oil
ipakethi package
ipaki *(n.)* park
ipalamente parliament
ipani pan
ipasenja passenger
ipasi yokukhwela boarding pass
ipasile parcel
ipaspoti passport
ipasta pasta
ipayi pie
ipayinti pint
ipeni pen *(for writing)*
ipensile pencil
ipepile pepper
ipesenti percent
ipesika peach
ipetroli gasoline, petrol *(Br.)*
iphaswedi password
iphedi sanitary napkin
iphepha page; paper
iphepha lasendlini yangasese toilet paper
iphepha lokuzalwa birth certificate
iphepha-mvume license
iphepha-ndaba newspaper
iphiko wing
iphiramidi pyramid
iphondo province

iphopho paw paw
iphudini pudding
ipijama pajamas
ipikniki picnic
ipilisi pill
ipiyano piano
iplagi plug
iplasi farm
iplastiki plastic
iplatfomu platform
ipleyiti plate
ipokotho pocket
ipolisa police
iponti *(n.)* pound
iposi *(n.)* mail; post office
iprinta printer
iprofayile profile
iprojekthi project
ipropati property
iqabane *(n.)* associate
iqabane partner
iqanda egg
iqanda elibilisiweyo boiled egg
iqanda eliqhotsiweyo fried egg
iqatha ankle
iqela club, team, group
iqhekeza piece
iqhina *(n.)* knot; tie
iqhinga *(n.)* trick
iqhosa button
iqhude kudu *(African antelope)*
iqula *(n.)* well *(for water)*
iqunube berry
iqwarhashe zebra
irabha rubber
iradiyo radio
iragi rug

irayisi rice
irestyu restaurant
ireyizara razor
irhafu *(n.)* tax
irhafu yentengiso sales tax
irhafu yesikhulolo seengwelo-moya airport tax
irhamba python
iribhini ribbon
iriphabliki republic
irisiti yentengiso sales receipt
isabelo *(n.)* share
isaci idiom
isahluko chapter
isahlulo sesine quarter
isakhiwo architecture; building
isaladi salad
isalamane relative
isalathisi directory
isali saddle
isambrela umbrella
isamenti cement
isampuli sample
isandi sound
isandla hand; signature
isango entrance
isangqa circle
isantya speed, rate
isanusi fortuneteller
isaphulelo discount
isaqwithi storm
isarha *(n.)* saw
isarinji syringe
isela thief
iseli cage
isemina seminar
iseneti senate
isenti cent

isenzi verb
isepha soap
isepha yokuhlamba detergent
isepha yokuhlamba iinwele shampoo
iseviyethi napkin
iseyile *(n.)* sail
ishampeyini champagne
ishampu shampoo
ishawa shower
ishedyuli schedule
ishishini business
ishishini lomenzeli agency
ishiti sheet
ishrimpi shrimp
ishumi ten
ishumi elinane fourteen
ishumi elinanntlunu fifteen
ishumi elinaye eleven
ishumi elinesibhozo eighteen
ishumi elinesibini twelve
ishumi elinesithandathu sixteen
ishumi elinesixhenxe seventeen
ishumi elinethoba nineteen
isibambiso hostage
isibandisi-moya air conditioning
isibane lamp, light, flashlight
isibhakabhaka sky
isibhedlele hospital
isibhenelo appeal
isibhengezo announcement
isibhozo eight
isibindi liver
isibingelelo altar
isibini pair
isibizo *(n.)* call
isibulala-ntsholongwane antibiotics
isicaka servant

isicakakazi maid
isicaphucaphu nausea
isicelo *(n.)* request
isicelo sokubhatala bill
isichasi opposite
isichazi-magama dictionary
isiciko lid
isicwangciso contraceptive
isidambisi-ntlungu painkiller
isidlo meal
isidlo sakusasa breakfast
isidlo sangokuhlwa dinner
isidlo sasemini lunch
isidudu porridge
isifo disease
isifo seswekile diabetes
isigalethi cigarette
isiganeko event
isigcawu spider
isigidi million
isigidimi messenger
isigqibo decision
isigubungelo veil
isigulo illness
isigxina permanent
isihlahla wrist
isihlangu shoe
isihlanu five
isihlunu muscle
isikeni scanner
isikere scissors
isiketi skirt
isikhafu scarf
isikhephe boat, ferry
isikhokelo direction
isikhova owl
isikhukula flood

isikhululo samapolisa police station
isikhululo seebhasi bus terminal
isikhululo seenqwelo-moya airport
isikhumba skin
isikhumbuzo somnyaka anniversary
isikhundla corner
isikolo school
isikolo semfundo ephakamileyo academy
isikora *(n.)* score *(in soccer)*
isikrini screen
isikrufeli screwdriver
isikrufu *(n.)* screw
isikwere square *(town square / form)*
isilanga lens
isilinganisa-santya speedometer
isilivere silver *(metal)*
isilonda *(n.)* sore
isilo-qabane pet
isilumkiso warning
isilwanyana animal
isimuncumuncu dessert, pudding
isinagoga synagogue
isinambuzane insect
isinamoni cinnamon
isine four
isinema cinema
isiNgesi English language
isini sex
isinki *(n.)* sink
isinongo flavor, seasoning
isinqanda-kubola antiseptic
isinqanda-kukhenkceka antifreeze
isintya esimisiweyo speed limit
isinxibo sangaphantsi underwear
isinxibo sokudada bathing suit
isinyathelo pedal
isipaji purse, wallet

isiphambuka junction, intersection
isiphekepheke satellite
isiphelisa-vumba deodorant
isiphelo end
isipho gift
isipili mirror
isiporo railroad
isiqa senyama steak
isiqalo beginning
isiqhamo fruit
isiqingatha half
isiqinisekiso insurance
isiqithi island
isiqu somthi tree trunk
isirhano *(n.)* suspect
isiriyeli cereal
isiselo beverage, drink
isiselo sobisi milkshake
isishuba napkin
isisu stomach
isitalato street
isitampu postage, stamp
isitena brick
isiteyidiyam stadium
isithandathu six
isithandwa boyfriend
isithandwakazi girlfriend
isithathu three
isithembiso *(n.)* promise
isithethe tradition
isithili district
isithintelo barrier
isithombe photograph
isithonga shot
isithsixo key
isithuba somsebenzi vacancy
isithunywa ambassador

isithupha thumb
isithuthi transport
isithuthuthu motorcycle
isitishi station
isitishi setreyini train station
isitishi soololiwe metro station *(Br.)*
isitiya *(n.)* garden
isitokhwe supplies
isitovu stove
isitshabalalisi pest
isitulo chair, seat
isitulo esinamavili wheelchair
isitya dish
isityaba plane
isityalo herb; plant
isityholo accusation
isiva scar
isivakalisi *(gram.)* sentence
isivumelwano agreement, contract
isixeko city
isixhenxe seven
isixhobo equipment
isixhobo somculo musical instrument
isixhobo somsebenzi tool
isixokelelwano system
isiyobisi *(n.)* drug
isizathu reason
isizolisi sedative
isizwe tribe
isohlwayo penalty
isoka(o) football (soccer)
isomisi dryer
isongezelelo bonus
isonka bread
isonka esihlohliweyo sandwich
isoseji sausage
isosi sauce

isosi yetumato ketchup
isoya soy
ispinatshi spinach
ispringi spring *(metal coil)*
istyibilizi *(n.)* skate
isuphu soup
isuti suit
isutikheyisi suitcase
iswekile sugar
itafile table
itakane legusha lamb *(baby sheep)*
itanki yegesi gas tank
itapile potato
itawuli towel
iteksi cab, taxi
itempile temple
ithala leencwadi library
ithambo bone
ithampon tampon
ithanga thigh
ithaweli yebhafu bath towel
ithayari *(n.)* tire
ithayari elingenamoya flat tire
ithayari iflethi flat tire
itheko party
ithemba *(n.)* trust
itheyipi tape
ithiyatha theater
ithiyetha yomboniso-bhanyabhanya movie theater
itholi *(n.)* toll
ithoyilethi toilet
ithoyilethi kawonke-wonke public toilet
ithuba nine
ithuba moment
iti tea
itikiti ticket
itikiti lokuya nokubuya round-trip ticket

itlilatshi clutch pedal
itoliki interpreter
itonela tunnel
itreyi tray
itreyini *(n.)* train
itreyini ekhawulezisayo express train
itroli trolley
itshaneli channel
itshintshi *(n.)* change
itshizi cheese
itshokolethi chocolate
itswele onion
itumato tomato
iTV yentambo cable TV
ityala credit
ityala debt
ityesi case
ityhefu poison
ityhefu yokutya food poisoning
ityuwa salt
ivanila vanilla
iveki week
ivenkile shop, convenience store, department store
ivenkile elungisayo repair shop
ivenkile enkulu supermarket
ivenkile ethengisa iimpahla ezindala secondhand
   store
ivenkile yamayeza drugstore
ivenkile yeencwadi bookstore
ivenkile yesonka bakery
ivenkile yeziyobisi drugstore
ivenkile yokutya grocery store
ividiyo video
ivili wheel
iviniga vinegar
ivisa visa
ivisa yokungena entry visa

ivolontiya *(n.)* volunteer
ivoti vote
ivumba odor
iwaka thousand
iwayini wine
iwele twin
iwiski whisky
iwotshi clock; watch *(timepiece)*
ixabiso cost, price, fare, fee
ixabiso elingaxhomanga inexpensive
ixabiso eliphezulu expensive
ixabiso le… cover charge
ixabiso lokutshintshiselana exchange rate
ixesha period, time
ixesha lonyaka season
ixhwili hyena
i-x-ray x-ray
iyeza medication, medicine, drug
iyeza elimiselwe ngugqirha prescription
iyeza lokubulala ukuva iintlungu anesthetic
iyogathi yogurt
iyunifomu *(n.)* uniform
iyunivesithi university
iyure hour
izibalo math
izibaso fuel
izibuko harbor
izichokozo-mziba cosmetics
izihlwele crowd
izihombiso zamatye anqabileyo jewelry
izikhokelo directions
iziko institution
izinto goods
izinyo tooth
izinyo elibuhlungu toothache
izinyuko stairs
iziphu zipper

izitakantlantsi fireworks
izitepusi ezihambayo escalator
izithombe zefleshi flash photography
izithuthi traffic
izithuthi zikawonke-wonke public transportation
izixhobo kit
izolo yesterday
izu zoo
izulu sky

J

jika *(v.)* turn
jikelele general
jikeleza *(v.)* turn
jonga look
joyina join
jula throw

K

kabini double, twice
kakhulu much
kalisha weigh
kama *(v.)* comb
kamsinya *(adv.)* soon
kamva later
kanye exact; once; very
kawonke-wonke public
ke *(interj.)* well
khaba *(v.)* kick
khala *(n.)* yell, shout; ring *(sound)*
khalaza complain
khange never
khangela *(v.)* check
khangeleka seem

khanyela deny
khathaza *(v.)* trouble, worry
khawuleza hurry
khawulezayo quick, rapid
khawulezisa *(adj.)* fast, express
-khe ever
khenkcisa freeze
khenkcisiwe frozen
khephu *(n.)* snow
khetha prefer, select
khithika *(v.)* snow
khokela *(n.)* guide
kholelwa believe
kholisa please
khubazekile disabled
khubekisa offend
khulelwe pregnant
-khulu big, large, great
khulula undo
khululeka comfortable
khululekileyo loose
khumbula remember
khumbuza remind
khupha *(v.)* vomit; issue
khupha imali *(v.)* cash
khusela protect
khuselekile safe
khwaza shout
khwela hike; mount, climb; ride
kodwa but
kona it
konke entire, all
kopa copy
krakra bitter
krazula rip
krwada raw; rude
krwela *(v.)* score

kude far
kufuneka ought
kufuphi close, near, nearby
kulungile OK, okay
kumilisela kwenye indawo transplant
kunye together
kuqala first
kusasa early
kuthengiswe konke sold out
kutheni why
kwakhona again
kwaye also, and

L

lahla lose
lahlekile lost
-lahlwayo disposable
lala sleep, lie
lalisela *(adj.)* spare
lambile hungry
landela follow
-landelayo next
lapile apple
lawula *(v.)* rule
layisha *(v.)* load
le this
lele asleep
leyo that
libala forget
lila cry
limaza hurt
linda wait
lingana equal
linganisa *(v.)* fit, measure
lubhelu yellow

luhlaza green
lukhuni hard
luma bite
lumkela beware
lumkile wise
lumkisa warn
lungela qualify
lungeleyo convenient; proper
lungile good, ready
lungileyo *(adj.)* correct, right
lungisa fix, repair
lusizi sad, sorry

M

mahala free *(at no cost)*
malunga na-/nga- about
mamela listen
mangalela *(legal)* prosecute, accuse
mangalisa surprise
-mdaka brown; dirty
mema invite, summon
mfusa purple
mhlawumbi probably
mhlophe white
misa halt, stop
-mnandi delicious, pleasant, sweet
Mnu. Mr. *(title)*
mnyama black; dark
molo hello
mosha damage
mpompa *(v.)* pump
msulwa innocent
mthubi yellow
muncu sour
mxinwa narrow

N

na- and
nabanina anybody, anyone
namhlanje today
nantonina anything
naphina anywhere; nowhere
nayiphina any
ncam actual
ncamisa *(n.)* kiss
nceda *(v.)* aid, help; please
ncedisa assist
-ncinane *(adj.)* minor
-ncinci small, little, young
ncoma recommend
ncuma *(v.)* smile
-nengqiqo reasonable
-nesinongo spicy
-netha *(v.)* rain
-nethamsanqa lucky
-netyala guilty
-nezondelelo zealous
nga- can *(modal verb)*
-ngalunganga wrong
ngamaxashe athile onyaka seasonal
nganeno less
nganye every; individual
ngaphakathi indoor
ngaphandle *(adj.)* outdoor / *(n.)* outdoors, outside
ngaphandle kwa- except, without
ngaphantsi below
ngaphantsi komhlaba underground
ngaphantsi kwa- under
ngaphaya across
ngaphezu komlinganiselo overdose
ngaphezu kwa- above

ngaphezulu excess, extra, more
-ngaqhelekanga unfamiliar, unusual
ngcwele holy, sacred
-ngekho zingqondweni unconscious
ngelo xesha then
ngena check in, enter
ngena ngaphandle kwemvume trespassing
ngenakhaya homeless
-ngenanto vacant
-ngenazintsholongwane sterile
ngenela join
ngenisa elizweni import
ngenxa yokuba because of
ngesiqhelo normal
-ngeyonqambi kosher
-ngeyonto yonqulo secular
ngobusuku *(adv.)* overnight
ngoku now
ngokuhlwa evening
ngokuhlwa nje tonight
ngokuzenzakalelayo automatic
ngomlomo oral
ngomso tomorrow
-ngonwabanga unhappy
ngonyaka annual
ngqo straight
-ngundoqo *(adj.)* main
-ngxolayo loud
nika give, deliver
nini when
ninzi many
nitha knit
njani how
nje *(adv.)* just
nkqonkqoza knock
Nksk. Ms. *(title)*
nobulungisa just *(lit:* it has justice)

-nobuqabane intimate
nokuba even
-nondileko serious
nqabile rare
ntila *(v.)* pound
ntoni what
ntywila dive
nukisa smell
nxaniwe thirsty
nxiba *(v.)* dress, wear
nxulumanisa *(v.)* associate
nyanga cure, treat
nyanisekile honest
nyanzelekile mandatory
nyathela *(v.)* step
-nye one; other; same
nyibilika melt
nyina *(v.)* limit
-nyiniweyo *(adj.)* restricted
nyuka hike, climb
-nzima difficult, complicated, serious; heavy;
  pregnant
-nzulu deep

O

obhokhwe goat
-odonga mural
-odwa *(n.)* single / *(adj.)* single, alone, special
ohlwaya punish
ojiweyo roasted
okanye or
-okuqala original
-okuzalwa *(adj.)* native
-okwexeshana temporary
-ombuso official

omile *(adj.)* dry
onwabile happy
ophukile broken
othusa scare
-otshaba hostile
oyikeka scary
ozela drowsy

P

paka *(v.)* park
pakisha pack
pela *(v.)* spell
phakamisa *(v.)* lift
phakathi *(adj.)* medium; mild, neutral
phakathi kwa- among
phambene mad
phambi kwa before
phambi kwexesha early
phanda *(v.)* search
phandle *(adv.)* out
phanga rob
phantsi low, down
phatha touch; carry
-phathwayo portable
phazamisa disturb
pheka *(v.)* cook
pheleleyo total
phembelela influence
phendula reply
phepha avoid
phezu kwa- on, over
phezulu *(adv.)* up
phi where
phikisa *(v.)* dispute
phila *(adj.)* alive / *(v.)* live

philayo *(adj.)* live
phinda repeat
phosakele false
phosisekile incorrect
phulukana lose
phulula massage
phuma check out, exit
phumela through
phumla rest
phuza *(n.)* kiss
posa *(v.)* mail

Q

qala start
qalisa resume
qha only
qhatha *(v.)* trick
qhelekileyo ordinary, regular, usual
qhina *(v.)* tie
qho often
qhotsa fry
qhuba carry-on; drive
qikelela estimate
qinisa tighten
qinisekisa confirm
qokelela collect
qonda recognize, understand
qubha swim
-qumba angry
qwalasela *(v.)* watch
qwhaba clap

R

rekhoda *(v.)* record
rhafisa *(v.)* tax
rhanela *(v.)* suspect
rhawuzelela *(v.)* itch
rhoqo always
rhoxa withdraw
rhweba trade

S

sebenza *(v.)* work
sebenzela serve
sebenzisa *(v.)* use
-sela *(v.)* drink
-sendle wild
sesikweni formal
shenxa *(v.)* move
sheva shave
shicilela *(v.)* record
shiya exclude
shukumisa *(v.)* rock
-shushu hot, warm
si- we
-sibini *(adj.)* second *(ordinal number)*
sika cut
sikelela bless
simahla *(adj.)* free *(at no cost)*
singatha carry *(a baby in arms)*
sona it
songela *(v.)* wrap
sula wipe
sulelayo contagious
sulelekile infected
susa remove

susela infect
sweleka *(v.)* die *(about people)*
swelekile *(adj.)* dead *(about people)*
swithi sweet

T

thambekisa *(v.)* tip
thambileyo soft
thanda *(v.)* like; love
thandaza pray
thatha take
thayipa *(v.)* type
thelekelela rate
thelekisa compare
thembekile reliable
thembela *(v.)* trust
thembisa *(v.)* promise
thenga purchase, buy
thengisa sell
thengisa ngapheseya export
thengisiwe sold
thetha speak, talk
thi say
thina we
thintela prohibit
thuka insult; swear
thukuthezela irritate
thumela send, ship
thumela ngenqanawa *(v.)* ship
thunga sew, stitch
thuthumbisa torture
tofa inject
tolika interpret
tsala pull
-tsha new, young, fresh

tshata marry
tshatile married
tshaya *(v.)* smoke
tshintsha *(v.)* change
tshintshela transfer
tshintshiselana exchange
tshixa lock
tshixela ngaphandle lock out
tsho say
tshona *(v.)* sink
tsiba jump
tya eat
tyatyamba flourish
tyelela *(v.)* visit
tyhala push
tyhola accuse

U

u- she; you
uAprili April
ubambo rib
ubhaka backpack
ubhaliso registration
ubhuti brother
ubisi milk
ubomi life
uboya wool
ubugebenga violence
ubuhlanga ethnic
ubuhlwempu poverty
ubukhulu size
ubulumko wisdom
ubulunga quality
ubulungisa justice
ubummelwane neighborhood

ubumnandi fun
ubuncinane minimum
ubungezelo amenities
ubuninzi quantity
ubuqhophololo corruption, fraud
uburhabaxa rough
ubushushu temperature; heat
ubusi honey
ubusika winter
ubuso face
ubusuku night
ubuthathaka begazi anemic
ubutyebi fortune
ubuvuvu trash
ucango door
ucingo wire
ucwambu cream
ucwangciso contraception
udada jungle
udade sister
udaka mud
uDisemba December
udlamfuno vegetarian
udliwano-ndlebe consult
udlwengulo *(n.)* rape
udonga wall
uFebhuwari February
ufudo tortoise
Ugawulayo AIDS
ugonyo vaccination
ugqada-mbekweni intruder
ugqirha physician, doctor
ugqirha otyandayo surgeon
ugqirha wamazinyo dentist
uhambo trip
uhambo lokuya nokubuya round-trip
uhlanga nation

uhlaselo *(n.)* assault, attack
uhlobo *(n.)* kind, type
uhlobo lwe-ertyisi chickpeas
uhlobo lwegazi blood type
uhlukuhleko concussion
uJanyuwari January
uJulayi July
uJuni June
ukhakhayi skull
ukhenketho sightseeing
ukhetshe eagle
ukhohlokhohlo *(n.)* cough
ukholo religion
ukhozo lwemali coin
ukhuseleko safety, security, shelter
ukopha bleed
ukophula break
ukoyika afraid
ukrebe shark
ukrwelo *(n.)* score
ukuba *(v.)* be (am, is, are, was, were, been),
  become / *(prep.)* if
ukuba evenkileni shoplifting
ukuba nesiyezi dizzy
ukuba nokwenzeka possibly
ukuba nomonde *(adj.)* patient
ukuba umntu kidnap
ukubamba (v./n.) arrest
ukubeka ityala *(v.)* charge *(legal)*
ukubetha kwentliziyo pulse
ukubetha *(n.)* ring *(sound)*
ukubhabha flight
ukubhala ngokukrwela engraving
ukubona sight
ukubuza inquiry
ukucacela ukutya appetite
ukuchasana nomthetho illegal

ukuchonga identify
ukuchongwa identification
ukudangatya flash
ukudlwengula *(v.)* rape
ukudumba swelling
ukudumba kwethunjana appendicitis
ukufaka ebhokisini *(v.)* box
ukufeksa *(v.)* fax
ukufika arrival
ukufikela until
ukufikelela *(n.)* access
ukufowuna *(v.)* dial
ukufuna *(n.)* search / *(v.)* demand
ukufunyaniswa unesifo diagnosis
ukugcina reservation
ukugebenga *(n./v.)* murder
ukuguliswa kukudlokova kwenqanawa seasick
ukuguliswa yinqwelo ehambayo motion sickness
ukuguqulela alter
ukugwegweleza detour
ukuhamba *(n.)* walk; departure
ukuhambisa diarrhea
ukuhlala occupy
ukuhlamba bathe
ukuhlaselwa yintliziyo heart attack
ukuhlekisa comedy
ukuhlolwa kwemithwalo baggage check
ukujampa imoto jump
ukukhanya *(n.)* light
ukukhathazeka *(n.)* worry
ukukhetha *(n.)* pick, selection
ukukhohlela *(v.)* cough
ukukhubazeka disability
ukukora *(v.)* score
ukulimala injury
ukuloba fishing
ukuloba kuvumelekile *(phr.)* fishing permitted

ukulumeka ignition
ukulungisa kwakhona recycle
ukulunywa sisinambuzane insect bite
ukuma *(n./v.)* stand
ukumangalela prosecution
ukumisa *(n.)* brake
ukumiwa choke
ukumkanikazi queen
ukungabikho away
ukungaboni blind
ukungakhululeki uncomfortable
ukunganakani ignore
ukungaqondi kakuhle misunderstanding
ukungavumelani disagree
ukungcola dirt
ukungcolisa pollution
ukungcwaba bury
ukungeva ngendlebe deaf
ukunqamleza intersect
ukunyinwa *(v.)* limit
ukunyoba *(n./v.)* bribe
ukuphatha iindwendwe kakuhle hospitality
ukuphefumla *(v.)* breathe
ukuphuma evacuate
ukuqesha *(v.)* rent
ukuqhina constipated
ukuqhuba inqanawe navigation
ukurhoxa withdrawal
ukusebenzisa *(n.)* use
ukusongela threaten
ukususa uthuli *(v.)* dust
ukuswela imbeko impolite
ukuthinteleleka handicapped
ukutshaya smoking
ukutshiswa lilanga sunburn
ukutya *(v.)* dine / *(n.)* food
ukutya okukhawulezayo fast food

ukutya okuvela elwandle seafood
ukutya okwenziwe ngentlama noodles
ukutyibiliza *(v.)* skate
ukutyibiliza ekhephini *(v.)* ski
ukuva feel
ukuvuleka flare
ukuwa *(v.)* fall
ukuxhuzula epileptic
ukuya exesheni menstruation
ukuyalela dictate
ukuzenzela self-service
ukuzisa deliver
ukuziselwa iinkonzo egumbini room service
ukwabelana *(v.)* share
ukwamkela *(v.)* admit, receive / *(n.)* receipt
ukwazi able
ukwenza *(n.)* act
ukwenza ngokuzithandela *(v.)* volunteer
ukwindla fall, autumn
ulawulo administration, regime
ulawulo lwabantu abaqeshiweyo bureaucracy
ulibaziseko delay
ulinganiselo ratio
ulingo trial
uloliwe *(n.)* train
ulonwabo entertainment
ulonyulo election
uluhlu list
ulungiso settlement
uluntu population
ulusu skin
ulutsha youth
ulwalamano relationship
ulwamkelo admission
ulwandle ocean, sea
ulwaphulo-mthetho crime
ulwazi information

ulwelo fluid, liquid
uLwesibini Tuesday
uLwesihlanu Friday
uLwesine Thursday
uLwesithathu Wednesday
ulwimi language
umabonakude television
umakheniki mechanic
umakhulu grandmother
umalume uncle
umama mother
umanyano union
umatshini machine
umatshini wokuhlamba washing machine
umazala mother-in-law
umazisi announcer
umba *(n.)* issue
umbala color
umbane electricity; lighting
umbefu asthma
umbhali author
umbhobho pipe
umbhoxo rugby
umbilo sweat
umbindi middle
umbindi weatom nuclear
umbiyelo fence
umbona corn
umboniso *(n.)* exhibit, show
umboniso-bhanyabhanya movie
umbono scene
umbuliso greeting
umbutho weqela labadlali league
umbuzo *(n.)* query, question
umcandi-zwe tourist
umcedisi assistant, aide
umchebi weenwele barber

umcimbi wothando romance
umculo music
umcwangcisi-mali accountant
umda *(n.)* border, limit
umdala *(n.)* senior
umdiza cigarette
umdlali actor
umdlalo drama, play; sport, game
umdlalo webhola ekhatywayo soccer match
umdlalo womculo opera
umenzeli agent
umfanekiso picture
umfanekiso oqingqiweyo statue
umfazi woman
umfundi student
umfundisi priest
umfundisi ongowakho wedwa tutor
umfuno vegetable
umgangatho floor; level, standard
umgangatho ophezulu classic
umgaqo omkhulu highway
umgaqo-siseko constitution
umgca queue
umgcini-bantwana babysitter
umgibe *(n.)* trap
uMgqibelo Saturday
umgrogrisi terrorist
umguli *(n.)* patient
umguquleli translator
umgwebi *(n.)* judge, referee
umgxuma hole
umhambi ngeenyawo pedestrian
umhla date
umhla wokugqibela deadline
umhla wokuphelelwa expiration date
umhla wokuzalwa birthday, date of birth
umhlaba property, land, ground, earth

umhlaba wenkampu campground
umhlali citizen, occupant
uMhlekazi Sir
umhlobo friend
umhobe poem
umIslam Muslim
umjiko acre (0.4 hectares)
umJuda Jew
umkhenkce ice
umkhethe option
umkhiwane fig
umkhombe rhinoceros
umkhondo trail
umkhonzi server
umkhosi army, military
umkhosi waselwande navy *(military)*
umkhuhlane influenza, flu; fever
umkhuluwa brother
umkhupho *(n.)* vomit
umkrolo sculpture
umlambo river
umlawuli conductor
umlebe lip
umlenze leg
umlilo fire
umlingane companion
umlobi fisherman
umlomo mouth
umlozi *(n.)* whistle
ummandla region, territory
ummeli attorney
ummelwane neighbor
umnatha weengcongconi mosquito net
umnatha-zwe Internet
umngcwabo funeral
umngeneleli immigrant
umnini *(n.)* owner / *(v.)* own

umnqathe carrot
umnquma olive
umnqwazi hat
umntu civilian; human, person
umntu ocelayo beggar
umntu ofaka isandla activist
umntu ohlala nomnye room rate
umntu omdala adult
umntu onesifo seswekile diabetic
umntu osebenza into ethile operator
umntu uthile someone
umntu wasemzini stranger
umntwana child, kid, minor
umnwe finger
umnxeba telephone
umnyhadala festival
umonakalo harm
umonde patience
umongameli-mbuso president
umongikazi nurse
umongo-moya oxygen
umoya air, wind
umphakamo altitude
umphakathi inside
umphambili front
umphanda jug
umphangi robber
umphantsi base, bottom
umphathi wamajoni officer
umpheki chef, cook
umphezulu top
umpu gun
umqala throat
umqamelelo pillow
umqeshi employer; tenant
umqolo *(anat.)* spine, back
umqolomba cave

umqondiso signal
umrhwebi merchant
umsebenzi occupation, job, work, activity; employee
umsebenzi wobugcisa art
umsesane *(n.)* ring *(jewelry)*
umsi *(n.)* smoke
umthambo vein
umthambo-luvo nerve
umthengi client, customer
umthengisi wenyama butcher
umthetho rule, law; legislature
umthi wood
umthombo fountain, spring *(water)*
umthungo seam
umthunywa welizwe embassy
umthwalo womhambi luggage
umtshana nephew, niece
umtshato marriage, wedding
umuncwane lemon
umva *(n.)* back, rear
umvalo rail
uMvulo Monday
umvuzo income, salary
umxheso ration
umxoxozi melon
umxube wokhohlokhohlo cough syrup
umyalezo message
umyeni husband
umzakuzi diplomat
umzali parent
umzantsi south
umzekelo example
umzi mommeli-lizwe consulate
umzi wogcino-zilo zoo
umzila trail
umzimba body
umzingeli hunter

umzuzu *(n.)* minute, moment
umzuzwana *(n.)* second *(in time)*
unakekelo lwabantwana childcare
uncedo servant, aide
uncedo lokwalathisa directory assistance
uncumo *(n.)* smile
undwendwe guest, visitor
unesi nurse
ungenelelo immigration
ungeniso profit
ungeno entry
unikelo delivery
unkosikazi wife
unobhala secretary
unobumba letter *(of alphabet)*
unogada *(n.)* guard
unomathotholo radio
unomendu gazelle
unomyayi crow
unongendi nun
unothi zero
uNovemba November
unovenkile shopkeeper
unugcisa babantu folk art
unwele hair
unxantathu triangle
unxibelelwano communication
unxweme beach, coast, shore
unxweme lwabantu abahamba ngaze nudist beach
unyaka year
Unyaka omTsha New Year
unyaka ophelileyo last year
unyaka ozayo next year
unyana son
unyango *(n.)* remedy
unyawo foot
unyuselo promotion

uOktoba October
uphahla roof
uphando *(n.)* search
uphawu *(n.)* sign, symbol, symptom
uphuma-ngaphantsi subway
uqhanqalazo protest
uqhushululu revolution, riot
uqoqosho economy
urhudo diarrhea
urhulumente government
usana baby, infant
usapho family
usapho lokumkani royalty
usayino signature
uSeptemba September
usiba pen *(for writing)*
usiphakathi center
usompempe *(n.)* referee
usuku day
usuku leveki weekday
usuleleko infection
utata father
utatomkhulu grandfather
utatomncinci uncle
uthando *(n.)* love
uthutho transportation
uthuthu ash
uthwalo *(n.)* load
utitshala teacher
utoliko interpretation
utshaba enemy
uTshazimpuzi April
utshintsho lwemali currency exchange
utyelelo *(n.)* visit
utyikityo signature
utywala alcohol, liquor
uvalelo quarantine

uvukelo rebellion
uxambuliswano argument
uxande rectangle
uxolo apology, pardon, peace
uxwebhu document
uyilo *(n.)* plan
uyilo lohambo itinerary

V

va hear
vakalayo loud
vala *(v.)* close, shut, cover
valekile closed
vavanya test
vela appear
veyisha weigh
vuka revive, wake
vukile awake
vula open, unlock
vuma agree
vumela allow, permit
vunyelwa allowed
vuya happy

W

wena you
wola hug

X

xakeka busy
xambulisana argue
xela declare, report
xelela tell

xoka *(v.)* lie *(tell an untruth)*
xolela forgive, pardon
xolisa apologize

Y

ya go
yalela order
yam *(pron.)* mine
yangoku instant
yaseYurophu European
yeka *(n.)* leave
yelela drown
yena she, he
yengingqi local
yomisa *(v.)* dry
-yomntu personal
yomthetho legal
yona it
yongeza add *(mix)*

Z

za come
zalisa fill
zama try
zange never
zazisa introduce oneself
zele full
zenzekeleyo casual
zingela hunt
zinikezela *(v.)* surrender
zisa deliver, bring
zokosula usana baby wipes
zolileyo quiet
zuza win

ENGLISH-XHOSA
DICTIONARY

A

able ukwazi
about malunga na-/nga-
above ngaphezu kwa-
academy isikolo semfundo ephakamileyo
accelerator *(gas pedal)* amafutha
accent indlela yokuthetha
accept amkela
access *(n.)* ukufikelela
accident ingozi
accommodations indawo yokuhlala
account iakhawunti
accountant umcwangcisi-mali
accurate chanekile
accusation isityholo
accuse *(legal)* tyhola, mangalela
acre (0.4 hectares) iakile, umjiko
across ngaphaya
act *(v.)* enza / *(n.)* ukwenza
activist umntu ofaka isandla
activity umsebenzi
actor umdlali
actual ncam
add dibanisa, yongeza
address *(n.)* idilesi
administration ulawulo
admission ulwamkelo
admit ukwamkela
adult umntu omdala
advertisement intengiso
afraid ukoyika
after emva kwa-
afternoon emva kwemini

again kwakhona
against chasene na-
age iminyaka
agency ishishini lomenzeli
agent umenzeli
agree vuma
agreement isivumelwano
agriculture ezolimo
aid *(n.)* uncedo / *(v.)* nceda
aide *(n.)* umcedisi
AIDS Ugawulayo
air umoya
air conditioning isibandisi-moya
airline ikhampani yendlela zomoya
airplane inqwelo-moya
airport isikhululo seenqwelo-moya
airport tax irhafu yesikhulolo seengwelo-moya
aisle indledlana phakathi kwezitulo ecaweni
alarm ialamu; **fire alarm** ialamu yomlilo
alcohol utywala
alive phila
all konke
allergy ialeji
alley indledlana phakathi kweakhiwo
allow vumela
allowed vunyelwa
almond ialmondi
alone odwa
also kwaye
altar isibingelelo
alter guqulela, ukuguqulela
altitude umphakamo
aluminum foil ifoyile yealuminiyum
always rhoqo
ambassador isithunywa
ambulance iambulensi
amenities ubungezelo

among phakathi kwa-
amount inani
and na-, kwaye
anemic ubuthathaka begazi
anesthetic iyeza lokubulala ukuva iintlungu
angry -qumba
animal isilwanyana
ankle iqatha
anniversary isikhumbuzo somnyaka
announcement isibhengezo
announcer umazisi
annual ngonyaka
antibiotics isibulala-ntsholongwane
antifreeze isinqanda-kukhenkceka
antique -akudala
antiseptic isinqanda-kubola
any nayiphina
anybody nabanina
anyone nabanina
anything nantonina
anywhere naphina
apartment indlu
apologize xolisa
apology uxolo
appeal Isibhenelo
appear vela
appendicitis ukudumba kwethunjana
appetite ukucacela ukutya
apple iapile
apple juice ijusi yeapile
appointment idinga
apricot iapilkosi
April uAprili, uTshazimpuzi
architecture isakhiwo
area indawo
argue xambulisana
argument uxambuliswano**

arm *(n.) (anat.)* ingalo
army umkhosi
around ekujikeleni
arrival ukufika
arrest *(v./n.)* ukubamba
arrive fika
art umsebenzi wobugcisa
arthritis ingqele yamathambo
ash uthuthu
ask *(ask question)* buza; *(ask for permission/help)*
  cela
asleep lele
aspirin iaspirini
assault *(v.)* hlasela / *(n.)* uhlaselo
assist ncedisa
assistant umcedisi
associate *(n.)* iqabane / *(v.)* nxulumanisa
asthma umbefu
ATM i-ATM
attack *(v.)* hlasela / *(n.)* uhlaselo
attorney ummeli
August eyeThupha
author umbhali
authority igunya
automatic ngokuzenzakalelayo
automatic transmission imoto ezitshinsthayo
automobile imoto
autumn ukwindla
available fumaneka
avenue indlela
avoid phepha
awake hleli, vukile
away ukungabikho
axle iasi

B

baboon imfene
baby usana
baby wipes zokosula usana
babysitter umgcini-bantwana
back *(n.) (rear/anat.)* umva; *(anat.)* umqolo
backpack ubhaka
bad -bi
bag ingxowa
baggage imithwalo
baggage check ukuhlolwa kwemithwalo
bakery ivenkile yesonka
balcony ibhalkoni
ball ibhola
banana ibhanana
bandage ibhandeji
bank ibhanki
bank account iakhawunti yebhanki
bar *(place for drinking)* ibhari
barber umchebi weenwele
barrel ifatyi
barrier isithintelo
base umphantsi
basement indlu engaphantsi komhlaba
basin ikom
basket ibhakethi
basketball ibhola yomnatha
bat *(animal)* ilulwane; *(sports equipment)* ibheti
bath ibafu
bath towel ithaweli yebhafu
bathe ukuhlamba
bathing suit isinxibo sokudada
bathroom igumbi lokuhlambela
battery ibhetri
battle *(n.)* idabi

be (am, is, are, was, were, been) *(v.)* ukuba
beach unxweme
bean imbotyi
beautiful -hle
because of ngenxa yokuba
become ukuba
bed ibhedi
bedding iingubo
bedroom igumbi lokulala
bee inyosi
beef inyama yenkomo
beer ibhiya
before phambi kwa
beggar umntu ocelayo
beginning isiqalo
behind emva
believe kholelwa
bell intsimbi
below ngaphantsi
berry iqunube
beverage isiselo
beware lumkela
bible ibhayibhile
bicycle ibhayisekile
big -khulu
bill isicelo sokubhatala
birth certificate iphepha lokuzalwa
birthday umhla wokuzalwa
bite luma
bitter krakra
black mnyama
blanket ingubo
bleed ukopha
bless sikelela
blind ukungaboni
blister idyungudyungu
blood igazi

blood type uhlobo lwegazi
blue -blowu
boarding pass ipasi yokukhwela
boat isikhephe
body umzimba
boil *(v.)* bilisa
bomb ibhomu
bone ithambo
bonus isongezelelo
book incwadi
bookstore ivenkile yeencwadi
boot *(trunk of car / Br.)* ibhuti; *(footwear)* ibhutsi
border umda
bottle ibhotile
bottom umphantsi
box *(n.)* ibhokisi / *(v.)* ukufaka ebhokisini
boy inkwenkwe
boyfriend isithandwa
brake *(n.)* ukumisa
brandy iblanti
bread isonka
break ukophula
breakfast isidlo sakusasa, iblakfesi
breathe *(v.)* ukuphefumla
bribe *(v./n.)* ukunyoba
brick isitena
bridge ibhulorhwe
bring zisa
broken ophukile
brother umkhuluwa, ubhuti
brown -mdaka
buck *(animal)* imbalala
buffalo inyathi
building isakhiwo
bull inkabi yenkomo
bullet imbumbulu
bureaucracy ulawulo lwabantu abaqeshiweyo

bury ukungcwaba
bus ibhasi
bus terminal isikhululo seebhasi
business ishishini
busy xakeka
but kodwa
butcher umthengisi wenyama
butter ibhotolo
button iqhosa
buy thenga

C

cab iteksi
cabbage ikhaphetshu
cabinet ikhabinethi
cable intambo
cable TV iTV yentambo
café ikhefi
cage ikheyiji, iseli
cake ikeyiki
calendar ikhalenda
call *(v.)* biza / *(n.)* isibizo
camera ikhamera
camp inkampu
campground umhlaba wenkampu
can *(modal verb)* nga-
cancel cima
candy ilekese
car imoto
card ikhadi
carpet ikhapethi
carrot umnqathe
carry phatha; *(carry a baby in arms)* singatha
carry-on qhuba
cart inqwelo
case ityesi

cash *(v.)* khupha imali / *(n.)* imali
casual zenzekeleyo
cat ikati
catch *(v.)* bamba
cathedral indlu yenkonzo
cattle iinkomo
cave umqolomba
CD iCD
cement isamenti
cemetery emadlakeni
cent isenti
center usiphakathi
century ikhulu leminyaka
cereal isiriyeli
chain ikhamandela
chair isitulo
champagne ishampeyini
change *(v.)* guqula, tshintsha / *(n.)* itshintshi
changing room igumbi lokutshintsha
channel itshaneli
chapel icawe
chapter isahluko
charge *(legal)* *(v.)* ukubeka ityala
cheap intengo ephantsi
check *(v.)* khangela
check in ngena
check out phuma
checkpoint indawo yokukhangelwa
cheese itshizi
cheetah ihlosi
chef umpheki
chemical ichiza
chess i-chess
chew hlafuna
chicken *(animal)* inkuku; *(meat)* inyama yenkuku;
  fried chicken inkuku eqhotsiweyo
chickpeas uhlobo lwe-ertyisi

chief *(adj.)* intloko
child umntwana
childcare unakekelo lwabantwana
chocolate itshokolethi
choke ukumiwa
church inkonzo
cigarette umdiza, isigalethi
cinema isinema
cinnamon isinamoni
circle isangqa
citizen umhlali
city isixeko
civilian umntu
clap qwhaba
class iklasi
classic umgangatho ophezulu
clean *(v.)* coca, cocekile
client umthengi
cliff iliwa
climate imo yezulu
climb khwela, nyuka
clinic ikliniki
clock iwotshi
close *(adj.)* kufuphi / *(v.)* vala
closed valekile
cloth ilaphu
clothing iimpahla
club iqela
clutch pedal itlilatshi
coast unxweme
coat idyasi
cocoa ikhokho
coconut ikhokhonathi
coffee ikofu
coin ukhozo lwemali
cold *(adj.)* -banda / *(n.) (illness)* ingqele
collect qokelela

color umbala
comb *(n.)* ikama / *(v.)* kama, chaza
come za
comedy ukuhlekisa
comfortable khululeka
commission intlawulo
communication unxibelelwano
companion umlingane
company ikhampani
compare thelekisa
compensation imbuyekezo
complain khalaza
complicated -nzima
compromise hlangabezana
computer ikhompyuta
conceal fihla
concert ikhonsati
concrete eyoqobo
concussion uhlukuhleko
condom ikhondomu
conductor umlawuli
conference inkomfa
conference room igumbi lenkomfa
confirm qinisekisa
constipated ukuqhina
constitution umgaqo-siseko
consulate umzi mommeli-lizwe
consult udliwano-ndlebe
contagious sulelayo
contraception ucwangciso
contraceptive isicwangciso
contract isivumelwano
convenience store ivenkile
convenient lungeleyo
cook *(n.)* umpheki / *(v.)* pheka
copy kopa
cord intambo

corn umbona
corner isikhundla
correct *(adj.)* lungileyo
corrupt ubuqhophololo
cosmetics izichokozo-mziba
cost ixabiso
cotton ikhothini
cough *(v.)* ukukhohlela / *(n.)* ukhohlokhohlo
cough syrup umxube wokhohlokhohlo
country ilizwe
country code ikhowudi yelizwe
court inkundla yamatyala
courtesy intlonelo
cover vala
cover charge ixabiso le ...
cream ucwambu
credit ityala
credit card ikhadi yetyala
crime ulwaphulo-mthetho
crocodile ingwenya
crow unomyayi
crowd izihlwele
crutches iintonga zokuhamba
cry lila
cucumber inkonkomire
culture inkcubeko
cup ikomityi
cure nyanga
curfew umqondiso wexesha lokuhlala endlini
currency imali yelizwe
currency exchange utshintsho lwemali
customer umthengi
customs *(cultural)* amsiko; *(at border)* ulawulo
  lwezinto ezithengwe kwelinye ilizwe
customs declaration ukuxela izinto ezithengwe
  kwelinye ilizwe
cut sika

D

dairy ideri
damage mosha
dance danisa
danger ingozi
dark mnyama
date umhla
date of birth umhla wokuzalwa
daughter intombi
dawn intsasa
day *(n.)* usuku / *(adv.)* emini
daytime emini
dead *(about animals)* file; *(about people)* swelekile
deadline umhla wokugqibela
deaf ukungeva ngendlebe
debt ityala
decade iminyaka elishumi
December eyoMnga, uDisemba
decide gqiba
decision isigqibo
deck ideki
declare xela
deep -nzulu
delay ulibaziseko
delicious -mnandi
deliver nika, zisa
delivery *(n.)* unikelo / *(v.)* ukuzisa
demand *(n.)* imfuno / *(v.)* ukufuna
democracy idemokrasi
dentist ugqirha wamazinyo
deny khanyela
deodorant isiphelisa-vumba
department store ivenkile
departure ukuhamba
deposit faka
depot idepho

---

desert intlango
desk idesika
dessert isimuncumuncu
destination indawo oya kuyo
detergent isepha yokuhlamba
diabetes isifo seswekile
detour ukugwegweleza
diabetic umntu onesifo seswekile
diagnosis ukufunyaniswa unesifo
dial *(v.)* faka inombolo, ukufowuna
dialing code ikhowudi yokufowuna
diaper inapkeni
diarrhea urhudo, ukuhambisa
dictate ukuyalela
dictionary isichazi-magama, idikshinari
die *(v.) (about animals)* fa; *(about people)* sweleka
diesel idizile
different ahlukile
difficult nzima
dine ukutya
dining room igumbi lokutyela
dinner isidlo sangokuhlwa, idinala
diplomat umzakuzi
direction isikhokelo, icala
directions izikhokel, amacala
directory isalathisi
directory assistance uncedo lokwalathisa
dirt ukungcola
dirty mdaka
disability ukukhubazeka
disabled khubazekile
disagree ukungavumelani
disaster intlekele
discount isaphulelo
disease isifo
dish isitya
disposable -lahlwayo

dispute *(v.)* phikisa
district isithili
disturb phazamisa
dive ntywila
dizzy ukuba nesiyezi
do enza
dock idoksi
doctor ugqirha
document uxwebhu
dog inja
dollar idola
domestic eyekhaya
door ucango
double kabini
dough intlama
down *(adv.)* phantsi, ezantsi
downtown edolophini
dozen idazini
drain idreyini
drama umdlalo
drawer idrowa
dress *(n.)* ilokhwe / *(v.)* nxiba
drink *(n.)* isiselo / *(v.)* sela
drive qhuba
driver's license ilayisensi yokuqhuba
drown yelela
drowsy ozela
drug *(n.)* isiyobisi, iyeza
drugstore ivenkile yeziyobisi, ivenkile yamayeza
dry *(adj.)* omile / *(v.)* yomisa
dry cleaner ukuhlamba iimpahla ngaphandle
  kwamanzi
dryer isomisi
dust *(v.)* ukususa uthuli
duty-free engahlawulisi rhafu
DVD iDVD
dye idayi

E

eagle ukhetshe
ear indlebe
earache indlebe ebuhlungu
early phambi kwexesha, kusasa
earth umhlaba
earthquake inyikima yomhlaba
east empuma
eat tya
economy uqoqosho
education imfundo
egg iqanda; **boiled egg** iqanda elibilisiweyo; **fried egg** iqanda eliqhotsiweyo
eight isibhozo
eighteen ishumi elinesibhozo
eighty amashumi asibhozo
eland *(African antelope)* impofu
election ulonyulo
electric eyombane
electricity umbane
elephant indlovu
elevator ilifti
eleven ishumi elinaye
e-mail i-imeyile
embassy umthunywa welizwe
emergency imo yoxakeko
emergency room igumbi lemo yokuxakeka
employee umsebenzi
employer umqeshi
empty ayinanto
end isiphelo
enemy utshaba
energy amandla
engine ienjini
engineer injineli
English language isiNgesi

engraving ukubhala ngokukrwela
enough anele
enter ngena
entertainment ulonwabo
entire konke
entrance isango, indawo yokungena
entry ungeno
entry visa ivisa yokungena
envelope imvulophu
epileptic ukuxhuzula
equal lingana
equipment Isixhobo
escalator izitepusi ezihambayo
estimate qikelela
ethnic ubuhlanga
Europe eYurophu
European yaseYurophu
evacuate ukuphuma, hamba, fuduka
even nokuba
evening ngokuhlwa
event isiganeko
eventually ekugqibeleni
ever -khe
every nganye
exact kanye
examine hlola
example umzekelo
except ngaphandle kwa-
excess ngaphezulu
exchange tshintshiselana
exchange rate ixabiso lokutshintshiselana
exclude shiya
exhaust gqiba
exhibit *(v.)* bonisa / *(n.)* umboniso
exit phuma
expense indleko
expensive ixabiso eliphezulu, dulu

experience amava
expiration date umhla wokuphelelwa
explain cacisa
export thengisa ngapheseya
express khawulezisa, bika
express train itreyini ekhawulezisayo
extra ngaphezulu
eye iliso
eyeglasses iindondo, iiglasi zamehlo

F

fabric ilaphu
face ubuso
fall *(v.)* ukuwa / *(n.) (season)* ukwindla
false phosakele
family usapho, ifemeli
far kude
fare ixabiso
farm iplasi
fast *(adj.)* khawulezisa
fast food ukutya okukhawulezayo
fat *(n.)* amafutha
father utata
faucet impompo
fax *(n.)* ifeksi / *(v.)* ukufeksa
February eyoMdumba, uFebhuwari
fee ixabiso
feel ukuva
female ibhinqa
fence umbiyelo
ferry isikhephe
festival umnyhadala
fever ifiva, umkhuhlane
field ibala
fifteen ishumi elinanntlunu
fifty amashumi amahlanu

fig umkhiwane
fill zalisa
film *(n.)* ifilimu
find fumana
finger umnwe
fire umlilo
fire alarm ialamu yomlilo
firewood iinkuni
fireworks izitakantlantsi
first kuqala
first-aid kit ikiti yonvedo lokuqala
first-class iklasi yokuqala
fish intlanzi
fisherman umlobi
fishing ukuloba; **fishing permitted** *(phr.)* ukuloba
  kuvumelekile
fishing license ilayisensi yokuloba
fishing rod intsimbi yokuloba
fist inqindi
fit fanele
fitting fanelekile, linganisa
fitting room igumbi lokulinganisa
five isihlanu
fix lungisa
flag iflegi
flame idangatye
flare ukuvuleka
flash ukudangatya
flash photography izithombe zefleshi
flashlight isibane
flat iflethi
flat tire ithayari elingenamoya, ithayari iflethi
flavor isinongo
flea intakumba
flea market imakethi
flight ukubhabha
flight number inombolo yokubhabha

flood isikhukula
floor umgangatho
flour iflawa
flourish tyatyamba
flower intyatyambo
flu umkhuhlane
fluent iciko
fluid ulwelo
flush gunxula
fly *(v.)* bhabha / *(n.) (insect)* impukane
fog inkungu
folk abantu
folk art unugcisa babantu
follow landela
food ukutya
food poisoning ityhefu yokutya
foot unyawo
football (soccer) ibhola ekhatywayo, isoka
footpath indledlana
forehead ibunzi
foreign eyelinye ilizwe
foreign currency imali yelinye ilizwe
foreign languages iilwimi zamanye amazwe
forest ihlathi
forget libala
forgive xolela
fork ifolokhwe
formal sesikweni
fortune ubutyebi
fortuneteller isanusi
forty amashumi amane
fountain umthombo
four isine
fourteen ishumi elinane
fraud ubuqhophololo
free *(adj.) (at no cost)* simahla, mahala
freeze khenkcisa

fresh tsha
Friday uLwesihlanu
friend umhlobo
front umphambili
front desk idesika yangaphambili
frozen khenkcisiwe
fruit isiqhamo
fry qhotsa
fuel izibaso
full zele, gcwele
fun ubumnandi
funeral umngcwabo
funny hlekisayo
furnished inefenitshala
furniture ifenitshala
future ingomso

G

game *(sports)* umdlalo; *(animal)* inyamakazi
garden *(n.)* isitiya, igadi
gas tank itanki yegesi
gasoline ipetroli
gazelle unomendu
gear igeri
general jikelele
get fumana
gift isipho
gin ijin
giraffe indlulamthi
girl intombazana
girlfriend isithandwakazi
give nika
glass iglasi
glasses (eyeglasses) iindondo
glue iglu
go hamba;ya

goat obhokhwe
goat meat inyama yebhokhwe
gold igolide
good lungile
goods izinto
government urhulumente
gram igramu
grammar igrama
grandfather utatomkhulu
grandmother umakhulu
grape idiliya
grass ingca
great khulu
green luhlaza
greeting umbuliso
grocery store ivenkile yokutya
ground *(n.)* umhlaba / *(adj.)* emhlabeni
group iqela
guava igwava
guard *(n.)* unogada / *(v.)* gada
guest undwendwe
guide *(n.)* khokela
guidebook incwadi yesikhokelo
guilty -netyala
guinea fowl impangele
gun umpu
gym ijim

H

hair unwele
half isiqingatha
hall iholo
halt misa
hand isandla
handicapped ukuthinteleleka
happy vuya, onwabile

harbor izibuko
hard lukhuni
harm umonakalo
hat umnqwazi
hazard ingozi
he yena
head intloko
health impilo
health insurance i-inshorensi yempilo
hear va
heart intliziyo
heart attack ukuhlaselwa yintliziyo
heat ubushushu
heavy nzima
hello molo
help *(v.)* nceda
herb isityalo
here apha
heterosexual ukuthambekela kwisini esingafaniyo
  nesakho
hey *(interj.)* heyi
highway umgaqo omkhulu
hike *(v.)* khwela, nyuka
hill induli
hippopotamus imvubu
HIV i-HIV
hole umgxuma
holiday *(vacation)* iholide, ikhefu
holy ngcwele
home ikhaya
homeless ngenakhaya
homosexual ukuthanda abantu abanesini esifana
  nesakho
honest nyanisekile
honey ubusi
honeymoon ukuchitha iholide kwabantu abasadula
  ukutshata

horse ihashe
hospital isibhedlele
hospitality ukuphatha iindwendwe kakuhle
hostage isibambiso
hostel ihosteli
hostile -otshaba
hot shushu
hotel ihetele
hour iyure
house indlu
how njani
hug wola
human umntu
human rights amalungelo abantu
hundred ikhulu
hungry lambile
hunt zingela
hunter umzingeli
hurry khawuleza
hurt limaza, enzakalisa
husband umyeni
hyena ixhwili

I

ice umkhenkce
ID card ikhadi le-ID
idea ingcinga
identification ukuchongwa
identify ukuchonga
idiom isaci
if ukuba
ignition ukulumeka
ignore ukunganakani
illegal ukuchasana nomthetho
illness isigulo
immigrant umngeneleli

immigration ungenelelo
impala ibhadi
impolite ukuswela imbeko
import ngenisa elizweni
income umvuzo
incorrect phosisekile
individual nganye, eyedwa
indoor ngaphakathi
inexpensive ixabiso elingaxhomanga
infant usana
infect susela
infected sulelekile
infection usuleleko
influence phembelela
influenza umkhuhlane, iflu
information iinkcukacha, ulwazi
information desk idesika yeenkcukacha
infrastructure amziko entsebenzo ombuso
inject tofa
injury ukulimala
ink i-inki
inn indlu yabahambi
innocent msulwa
inquiry ukubuza
insect isinambuzane
insect bite ukulunywa sisinambuzane
insect repellant into yokugxotha izinambuzane
inside umphakathi
inspect hlola
instant yangoku
institution iziko
insufficient engaphelelanga
insulin i-insulini
insult thuka
insurance isiqinisekiso; **health insurance**
   i-inshorensi yempilo
international -ezizwe

Internet umnatha-zwe, i-inthanethi
interpret tolika
interpretation utoliko
interpreter itoliki
intersect *(v.)* ukunqamleza
intersection *(n.)* isiphambuka
intimate -nobuqabane
introduce oneself zazisa
intruder ugqada-mbekweni
invite mema
iron *(metal)* intsimbi; *(appliance)* iayini
irritate caphukisa, thukuthezela
island isiqithi
issue *(n.)* umba / *(v.)* khupha
it yona, sona, kona
itch rhawuzelela
item into
itinerary uyilo lohambo

J

jackal impungutye
jacket ijakethi
jail intolongo
jam ijam
January eyoMqungu, uJanyuwari
jar ingqayi
jeans ijini
Jew umJuda
jewelry izihombiso zamatye anqabileyo, ijewelari
job umsebenzi
join joyina, ngenela
journalist intatheli
judge *(n.)* umgwebi, ijaji
jug ijagi, umphanda
juice ijusi
July eyeKhala, uJulayi

jump tsiba, ukujampa imoto
jumper cables iintambo zokujampa
junction isiphambuka
June eyeSilimela, uJuni
jungle udada, ihlathi lendalo
just *(adv.)* nje / *(adj.)* (*lit:* it is just) nobulungisa
justice ubulungisa

K

keep *(v.)* gcina
ketchup isosi yetumato
kettle iketile
key isithsixo
kick khaba
kid umntwana
kidnap ukuba umntu
kidney intso
kill bulala
kilogram ikilogramu
kilometer ikilomitha
kind uhlobo
kiss *(n.)* ncamisa, phuza / *(v.)* anga
kit izixhobo, iimpahla
kitchen ikhitshi, igumbi lokuphekela
knapsack ihapulusaka
knee idolo
knife imela
knit nitha, dibanisa
knock nkqonkqoza
knot iqhina
know azi
kosher -ngeyonqambi
kudu *(African antelope)* iqhude

L

lady inenekazi
lake ichibi
lamb *(baby sheep)* itakane legusha; *(meat)* inyama yegusha
lamp isibane
land umhlaba
lane indledlana
language ulwimi
laptop *(computer)* ilepthop, ikhompyutha encinci
large -khulu
last -gqibela
last year unyaka ophelileyo
late emva kwexesha
later kamva
laugh hleka
laundromat indawo yokuhlamba iimpahla ngematshini
laundry *(clothes)* iimpahla ezihlanzwayo; *(place)* indawo yokuhlamba iimpahla ngematshini
lavatory indlu yangasese
law umthetho
lawyer igqwetha
leader inkokheli
league umbutho weqela labadlali
learn funda
leather ifele
leave *(v.)* hamba / *(n.)* ikhefu, yeka
left *(v.)* hambile
leg umlenze
legal yomthetho
legislature umthetho
lemon ilamuni, umuncwane
lens isilanga
leopard ingwe

less nganeno

letter *(written note)* incwadi; *(part of alphabet)* unobumba, iletha

lettuce ilethasi

level umgangatho

library ithala leencwadi, ilayibrari

lice intwala

license iphepha-mvume, ilayisensi; **driver's license** ilayisensi yokuqhuba

lid isiciko

lie *(v.) (tell an untruth)* xoka; *(lie down)* lala

life ubomi, impilo

lift *(v.)* phakamisa / *(n.) (elevator / Br.)* ilifti

light isibane, ukukhanya

lighting umbane

like *(v.)* thanda

limit *(v.)* nyina, ukunyinwa / *(n.)* umda

lion ingonyama

lip umlebe

liquid ulwelo

liquor utywala

list uluhlu

listen mamela

liter ilitha

litter inkukuma

little ncinci

live *(v.)* phila / *(adj.)* philayo

liver isibindi

lizard icikilishe

lobster ilobsta

load *(v.)* layisha / *(n.)* uthwalo

loaf ilofu

loan *(n.)* imbolekiso / *(v.)* boleka

lobby igumbi lokungena

local yengingqi

location indawo, ilokishi

lock tshixa

lock out tshixela ngaphandle
locker ilokhari
long de
look jonga
loose khululekileyo
lose lahla;phulukana
lost lahlekile
loud -ngxolayo; vakalayo
lounge igumbi lokuphumla
love *(n.)* uthando / *(v.)* thanda
low phantsi
lucky -nethamsanqa
luggage umthwalo womhambi
lunch isidlo sasemini, ilantshi

M

machine umatshini
mad phambene
maid intombi, isicakakazi
mail *(n.)* iposi / *(v.)* posa
main *(adj.)* -ngundoqo
make *(v.)* enza
man indoda
mandatory nyanzelekile
mango imengo
manual *(n.)* incwadi yokufundisa
many ninzi
map imaphu; **road map** imaphu yendlela
marketplace imarike
marriage umtshato
married tshatile
marry tshata
massage phulula
math izibalo
mattress imatrasi
maximum elona likhulu, eyona njl

meal isidlo
measure linganisa
meat inyama; **roast meat** inyama oyojiweyo
mechanic umakheniki
medication iyeza
medicine iyeza
medium *(adj.)* phakathi
meet *(v.)* dibana
meeting intlanganiso
melon umxoxozi
melt nyibilika
member ilungu
menstruation ukuya exesheni
mental -engqondo
menu imenyu
merchant umrhwebi
message umyalezo
messenger isigidimi
metal intsimbi
meter imitha
metro station isitishi soololiwe
microwave amaza amafutshane kakhulu
midday imini emaqanda
middle umbindi
midnight ezinzulwini zobusuku
might amandla
migraine intloko ebuhlunga ngamaxesha onke
mild phakathi
mile imayile
military umkhosi
milk ubisi
milkshake isiselo sobisi
million isigidi
mine *(pron.)* yam
minimum ubuncinane
minor *(adj.)* -ncinane / *(n.)* umntwana
mint inxina

minute *(n.)* umzuzu
mirror isipili
misunderstanding ukungaqondi kakuhle
mix dibanisa
mobile phone ifoni ehambayo
moment umzuzu, ithuba
Monday uMvulo
money imali
monkey inkawu
month inyanga
monument ilitye lesikhumbuzo
moon inyanga
more *(adv.)* ngaphezulu
morning intsasa
mosque indlu yenkonzo yamaIslam
mosquito ingcongconi
mosquito net umnatha weengcongconi
most *(adv.)* ihotele
mother umama
mother-in-law umazala
motion sickness ukuguliswa yinqwelo ehambayo
motor imoto
motorcycle isithuthuthu
mount khwela
mountain intaba
mouse impuku
moustache amabhovu
mouth umlomo
move *(v.)* hamba, shenxa
movie umboniso-bhanyabhanya
movie theater ithiyetha yomboniso-bhanyabhanya
Mr. *(title)* Mnu.
Mrs. *(title)* Nks.
Ms. *(title)* Nksk.
much kakhulu
mud udaka
mural -odonga

murder *(n./v.)* ukugebenga
muscle isihlunu
museum imuziyam
mushroom ikhowa
music umculo
musical instrument isixhobo somculo
musician imvumi
Muslim umIslam
mussels imbaza
mystery imfihlakalo

N

naked hamba ze
name igama
napkin isishuba, iseviyethi
narrow mxinwa
nation uhlanga
native *(n.)* inzaka / *(adj.)* -okuzalwa
nature indalo
nausea isicaphucaphu
navigation ukuqhuba inqanawe
navy *(military)* umkhosi waselwande
near kufuphi
nearby kufuphi
neck intamo
necklace intsimbi yomqala
need *(v.)* dinga
needle inaliti
neighbor ummelwane
neighborhood ubummelwane
nephew umtshana
nerve umthambo-luvo
neutral phakathi
never *(adv.)* zange, khange
new -tsha
New Year Unyaka omTsha

news iindaba
newspaper iphepha-ndaba
next -landelayo
next year unyaka ozayo
next to ecaleni kwa-
nice -hle
niece umtshana
night ubusuku
nightlife impilo yasebusuku
nine ithuba
nineteen ishumi elinethoba
ninety amashumi alithoba
no hayi
noise ingxolo
non-smoking akutshaywa
noodles ukutya okwenziwe ngentlama
noon emin' emaqanda
normal ngesiqhelo
north entla
northeast entla-mpuma
northwest entla-ntshona
nose impumlo
note inqaku
nothing akukho nto
November eyeNkanga, uNovemba
now ngoku
nowhere naphina
nuclear umbindi weatom
nudist umntu ohamba ngaze
nudist beach unxweme lwabantu abahamba ngaze
number inombolo
nun unongendi
nurse umongikazi, unesi
nuts amandongomane

O

occupant umhlali
occupation umsebenzi
occupy ukuhlala
ocean ulwandle
o'clock intsimbi
October eyeDwarha, uOktoba
octopus ingwane
odor ivumba
offend khubekisa
office iofisi
officer umphathi wamajoni
official -ombuso
often *(adv.)* futhi, qho
oil ioyile
OK/okay Kulungile
old -dala
olive umnquma
on phezu kwa-
once kanye
one -nye
one-way esinga kwicala elinye
onion itswele
only qha
open vula
opera umdlalo womculo
operator umntu osebenza into ethile
opposite isichasi
option umkhethe
or okanye
oral ngomlomo
orange iorenji
orange juice ijusi yeorenji
orchard ibhoma
orchestra iorkhestra
order yalela

ordinary qhelekileyo
organ *(anat.)* ilungu
organic -amalungu
original -okuqala
ostrich inciniba
other -nye
ought kufuneka
our -ethu
out *(adv.)* phandle
outdoor *(adj.)* ngaphandle
outdoors *(n.)* ngaphandle
outside ngaphandle
oven ionti
over *(prep.)* phezu kwa-
overdose ngaphezu komlinganiselo
overnight *(adv.)* ngobusuku
owl isikhova
own *(v.)* umnini
owner *(n.)* umnini
oxygen umongo-moya, ioksijini

P

pack pakisha
package ipakethi
page iphepha
paid bhatele
pain intlungu
painful -bihlungu
painkiller isidambisi-ntlungu
pair isibini
pajamas ipijama
pan ipani
pants ibhulukwe
paper iphepha
parcel ipasile
pardon *(n.)* uxolo / *(v.)* xolela

parent umzali
park *(n.)* ipaki / *(v.)* paka
parking indawo yokupaka
parliament ipalamente
partner iqabane
party itheko
passenger ipasenja
passport ipaspoti
password iphaswedi
pasta ipasta
pastry intlama yekeyiki
path indlela
patience umonde
patient *(n.)* umguli / *(adj.)* ukuba nomonde
pavement indledlana esecaleni lendlela
paw paw iphopho
pay *(v.)* hlawula, bhatala / *(n.)* intlawulo
payment intlawulo
pea iertyisi
peace uxolo
peach ipesika
peak incopho
peanuts amandongomane
pedal isinyathelo
pedestrian umhambi ngeenyawo
pen *(for writing)* ipeni, usiba
penalty isohlwayo
pencil ipensile
people abantu
pepper ipepile
percent ipesenti
perfect fezekisa
period *(of time)* ixesha
permanent isigxina
permission imvume
permit *(v.)* vumela / *(n.)* imvume
person umntu

personal -yomntu
pest isitshabalalisi
pet isilo-qabane
petrol *(Br.)* ipetroli
pharmacy ikhemisti
phone ifoni
phone booth indlu yefoni
phone card ikhadi lefoni
phone number inombolo yefoni
photograph isithombe; ifoto
phrase ibinzana
physician ugqirha
piano ipiyano
pick ukukhetha
picnic ipikniki
picture umfanekiso
pie ipayi
piece iqhekeza
pig ihagu
pigeon ihobe
pill ipilisi
pillow umqamelelo
pint ipayinti
pipe umbhobho
place indawo
plain *(adj./rel.)* cacileyo
plan *(n.)* uyilo
plane isityaba
plant isityalo
plastic iplastiki
plate ipleyiti
platform iplatfomu
play *(n.)* umdlalo / *(v.)* dlala
pleasant -mnandi
please nceda, kholisa
plug iplagi
pocket ipokotho

poem umhobe
point inqaku
poison ityhefu
police ipolisa
police station isikhululo samapolisa
polite -chubekileyo
politics ezopolotiko
pollution ukungcolisa
pool ichibi
population uluntu
pork inyama yehagu
porridge isidudu
portable -phathwayo
possibly ukuba nokwenzeka
post office iposi
postage isitampu
postal code ikhowudi yeposi
postbox ibhokisi yeposi
postcard icwecwe
postpone buyisela umva
pot imbiza
potato itapile
pottery iimbiza nezitya zodongwe
poultry iinkuku
pound *(n.)* iponti / *(v.)* ntila
pour galela
poverty ubuhlwempu
power amandla
pray thandaza
prefer khetha
pregnant nzima, khulelwe
prescription iyeza elimiselwe ngugqirha
president umongameli-mbuso
price ixabiso
priest umfundisi
printer iprinta
prison ijele, intolongo

prisoner ibanjwa
privacy imfihlelo
private fihlakele
private property idawo yangasese
private room igumbi langasese
prize ibhaso
probably mhlawumbi
problem ingxaki
product imveliso
professional ingcaphephe
professor injingalwazi
profile iprofayile
profit ungeniso
program inkqubo
prohibit thintela
project iprojekthi
promise *(v.)* thembisa / *(n.)* isithembiso
promotion unyuselo
pronounce biza
proper lungeleyo
property ipropati, umhlaba
prosecute mangalela
prosecution ukumangalela
protect khusela
protest uqhanqalazo
Protestant ilungu lecawe
province iphondo
psychologist igcisa lengqondo
public kawonke-wonke
public telephone ifoni kawonke-wonke
public toilet ithoyilethi kawonke-wonke
public transportation izithuthi zikawonke-wonke
pudding iphudini, isimuncumuncu
pull tsala
pulse ukubetha kwentliziyo
pump *(n.)* impompo / *(v.)* mpompa
punch *(v.)* betha ngengqindi

puncture gqobhoza
punish ohlwaya
purchase thenga
pure cocekileyo
purple mfusa
purpose injongo
purse isipaji
push tyhala
puzzle inkohla
pyramid iphiramidi
python irhamba

Q

qualify lungela
quality ubulunga
quantity ubuninzi
quarantine uvalelo
quarter isahlulo sesine
queen ukumkanikazi
query umbuzo
question *(v.)* buza / *(n.)* umbuzo
queue umgca
quick khawulezayo
quiet zolileyo

R

radio iradiyo, unomathotholo
rail umvalo
railroad isiporo
rain *(n.)* imvula / *(v.)* -netha
ramp inawo ethambekileyo
rape *(n.)* udlwengulo / *(v.)* ukudlwengula
rapid khawulezayo
rare nqabile
rat ibuzi

rate isantya, thelekelela
ratio ulinganiselo
ration umxheso
raw krwada
razor ireyizara
read funda
ready lungile
rear umva
reason isizathu
reasonable -nengqiqo
rebel *(n.)* indlavini
rebellion uvukelo
receipt ukwamkela
receive ukwamkela
recognize qonda
recommend ncoma
record *(v.)* shicilela, rekhoda
rectangle uxande
recycle ukulungisa kwakhona
red bomvu
referee *(n.)* umgwebi, usompempe / *(v.)* gweba
reference igunya
refrigerator ifriji
refuge igwiba
refund *(v.)* buyisela imali / *(n.)* imbuyiselo
regime ulawulo
region ummandla
registration ubhaliso
regular qhelekileyo
relationship ulwalamano
relative isalamane
reliable thembekile
religion ukholo
remedy *(n.)* unyango
remember khumbula
remind khumbuza
remove susa

rent *(v.)* ukuqesha / *(n.)* imali yengqesho
repair lungisa
repair shop ivenkile elungisayo
repay buyisela imali
repayment imbuyekezo
repeat phinda
replace buyisela endaweni yayo
reply phendula
report xela
reporter intatheli
republic iriphabliki
request *(v.)* cela / *(n.)* isicelo
require funa
rescue hlangula
reservation ukugcina
reserve gcina
reservoir idama
respect *(n.)* intlonipho / *(v.)* hlonipha
rest phumla
restaurant irestyu
restricted *(adj.)* -nyiniweyo
resume qalisa
retrieve fumana kwakhona
return buya
reverse guqula
revive vuka
revolt *(v.)* vukela
revolution uqhushululu
rhinoceros umkhombe
rib ubambo
ribbon iribhini
rice irayisi
ride khwela
right *(adj.)* lungileyo / *(n.)* ekunene
ring *(n.)* *(jewelry)* umsesane; *(sound)* ukubetha,
   khala / *(v.)* betha
riot uqhushululu

rip krazula
risk ingozi
river umlambo
road indlela
road map imaphu yendlela
roast meat inyama oyojiweyo
roasted ojiweyo
rob phanga
robber umphangi
rock *(n.)* iliwa / *(v.)* shukumisa
romance umcimbi wothando
romantic enothamdo
roof uphahla
room igumbi
room rate umntu ohlala nomnye
room service ukuziselwa iinkonzo egumbini
rope intambo
rot bola
rotten bolile
rough uburhabaxa
round-trip uhambo lokuya nokubuya
round-trip ticket itikiti lokuya nokubuya
route indlela
royalty usapho lokumkani
rubber irabha
rude krwada
rug iragi
rugby umbhoxo
ruins intshabalalo
rule *(v.)* lawula / *(n.)* umthetho
run baleka

S

sacred ngcwele
sad lusizi

saddle isali
safe khuselekile
safety ukhuseleko
sail *(n.)* iseyile / *(v.)* hamba ngesikhephe
salad isaladi
salary umvuzo
sale intengiso
sales receipt irisiti yentengiso
sales tax irhafu yentengiso
salon igumbi lentlangano
salt ityuwa
same nye, fanayo
sample isampuli
sanction imvume
sanctuary indawo engcwele
sand intlabathi
sandals imbadada
sandwich isonka esihlohliweyo
sanitary napkin iphedi
satellite isiphekepheke
Saturday uMgqibelo
sauce isosi
sausage isoseji
save gcina
saw *(n.)* isarha
say tsho, thi
scanner isikeni
scar isiva
scare othusa
scarf isikhafu
scary oyikeka
scene umbono
scenery imbonakalo yelizwe
schedule ishedyuli
school isikolo
science inzululwazi
scissors isikere

score *(n.)* ukrwelo; isikora *(in soccer)* / *(v.)* krwela, ukukora
screen isikrini
screw *(n.)* isikrufu / *(v.)* qinisa ngesikrufu
screwdriver isikrufeli
sculpture umkrolo
sea ulwandle
seafood ukutya okuvela elwandle
seam umthungo
search *(n.)* ukufuna, uphando / *(v.)* funa, phanda
seasick ukuguliswa kukudlokova kwenqanawa
season *(of the year)* ixesha lonyaka
seasonal ngamaxashe athile onyaka
seasoning isinongo
seat isitulo
seat belt ibhanti lokuzibophelela emotweni
seat number inombolo yesitulo
second *(n.)* *(in time)* umzuzwana / *(adj.)* *(ordinal number)* -sibini
secondhand store ivenkile ethengisa iimpahla ezindala
secret imfihlelo
secretary unobhala
section icandelo
secular -ngeyonto yonqulo
security ukhuseleko
sedative isizolisi
see bona
seed imbewu
seek funa
seem khangeleka
select *(v.)* khetha
selection ukukhetha
self-service ukuzenzela
sell thengisa
seminar isemina
senate iseneti, ibhunga lokuqingqa imithetho

senator ilungu leseneti
send thumela
senior *(n.)* umdala
sensitive buthathaka
sentence *(gram.)* isivakalisi
separate *(adj.)* ahlukeneyo / *(v.)* ahlula
September uSeptemba, eyoMsintsi
serious -nondileko, -nzima
servant isicaka, uncedo
serve sebenzela
server umkhonzi
service *(religious)* inkonzo
settlement ulungiso, indawo yokuhlala
seven isixhenxe
seventeen ishumi elinesixhenxe
seventy amashumi asixhenxe
sew thunga
sex isini
shampoo ishampu, isepha yokuhlamba iinwele
share *(n.)* isabelo / *(v.)* ukwabelana
shark ukrebe
sharp bukhali
shave sheva
shaving cream ikhrimu yokusheva
she u-, yena
sheep igusha
sheet ishiti
shellfish intlanzi eneqokobhe
shelter ukhuseleko
ship *(v.)* thumela / *(n.)* inqanawa
shirt ihempe
shoe isihlangu
shoot *(v.)* dubula
shop ivenkile
shopkeeper unovenkile
shoplifting ukuba evenkileni
shopping basket ibhaskethi yokuthenga**

shopping center indawo eneevenkile ezininzi
shore unxweme
short futshane
shot isithonga
shoulder igxalaba
shout *(v.)* khwaza
show *(v.)* bonisa / *(n.)* umboniso
shower ishawa
shrimp ishrimpi
shut *(v.)* vala
sick gula
side icala
sight ukubona
sightseeing ukhenketho
sign uphawu
signal umqondiso
signature isandla, utyikityo, usayino
silver *(metal)* isilivere
sing cula
single *(n./adj.)* -odwa
sink *(n.)* isinki / *(v.)* tshona
sir uMhlekazi
siren impempe
sister udade
sit hlala
six isithandathu
sixteen ishumi elinesithandathu
sixty amashumi asithandathu
size ubukhulu
skate *(n.)* istyibilizi / *(v.)* ukutyibiliza
ski *(v.)* ukutyibiliza ekhephini
skis *(n.)* isityibilizi seplanga sasekhephini
skin ulusu, isikhumba
skirt isiketi
skull ukhakhayi
sky izulu, isibhakabhaka
sleep lala

sleeping bag ingxowa yokulala
sleeping car imoto yokulala
sleeping pills iipilisi zokulala
slow cotha
small -ncinci
smell nukisa
smile *(n.)* uncumo / *(v.)* ncuma
smoke *(n.)* umsi / *(v.)* tshaya
smoking ukutshaya
smooth *(adj.)* gudileyo
snack *(n.)* amashwamshwam
snake inyoka
snow *(n.)* khephu / *(v.)* khithika
soap isepha
soccer isoka, ibhola ekhatywayo
soccer match umdlalo webhola ekhatywayo
sock ikawusi
soft thambileyo
sold thengisiwe
sold out kuthengiswe konke
soldier ijoni
some intwana
someone umntu uthile
something into
son unyana
song ingoma
soon *(adv.)* kamsinya
sore *(adj.)* buhlungu / *(n.)* isilonda
sorry lusizi
sound isandi
soup isuphu
sour muncu
source imvelaphi
south uMzantsi
soy isoya
spare *(adj.)* lalisela
spare part ilungu lolalaleliso

speak thetha
special odwa
speed isantya
speed limit isintya esimisiweyo
speedometer isilinganisa-santya
spell *(v.)* pela
spend chitha imali
spicy -nesinongo
spider isigcawu
spinach ispinatshi
spine umqolo
spoon icephe
sport umdlalo
sports imidlalo
spring *(season)* intwasahlobo; *(water)* umthombo;
   (metal coil) ispringi
springbok ibhadi
square *(town square / form)* isikwere
stadium isiteyidiyam, ibala
staff abasebenzi
stairs izinyuko
stamp *(postage)* isitampu
stand *(v.)* ukuma / *(n.)* ukuma, indawo yokuthengisa
standard umgangatho
start qala
state imeko
station isititshi
statue umfanekiso oqingqiweyo
stay hlala
steak isiqa senyama
steal ba
step *(v.)* nyathela / *(n.)* inyathelo
sterile -ngenazintsholongwane
stitch thunga
stolen -biweyo
stomach isisu
stone ilitye

stop misa
store gcina
storm isaqwithi
stove isitovu
straight ngqo
stranger umntu wasemzini
street isitalato
student umfundi
study funda
substitute bambela
suburb ihlomela ledolophu
subway uphuma-ngaphantsi
sugar iswekile
suit isuti
suitcase isutikheyisi
suite amagumbi ahamba kunye ehotele
summer ihlobo
summon mema
sun ilanga
sunblock ikhrimu yokukhusela elangeni
sunburn ukutshiswa lilanga
supermarket ivenkile enkulu
supplies iimpahla, isitokhwe
surgeon ugqirha otyandayo
surgery igumbi lokutyandela
surname ifani
surprise mangalisa
surrender *(v.)* zinikezela
suspect *(n.)* isirhano / *(v.)* rhanela
swallow *(v.)* ginya
swear thuka, funga
sweat bila, umbilo
sweet mnandi, swithi
swelling ukudumba
swim qubha
swimming pool ichibi lokudada
symbol uphawu

symptom uphawu
synagogue isinagoga
syringe isarinji
system isixokelelwano

T

table itafile
tag ilebhile
take thatha
talk thetha
tall -de
tampon ithampon
tape itheyipi
taste inkcasa
tax *(v.)* rhafisa / *(n.)* irhafu; **sales tax** irhafu
  yentengiso
taxi iteksi
tea iti
teacher utitshala
team iqela
telephone umnxeba, ifoni; **public telephone** ifoni
  kawonke-wonke
television umabonakude
tell xelela
temperature ubushushu
temple itempile, indlu yenkonzo
temporary -okwexeshana
ten ishumi
tenant umqeshi
tent intente
territory ummandla
terrorist umgrogrisi
test vavanya
thank you enkosi
that leyo
theater ithiyatha

then *(adv.)* ngelo xesha
there apho
they bona
thief isela
thigh ithanga
thin bhityile
thing into
think cinga
thirsty nxaniwe
thirty amashumi amathathu
this le, esi, ezi
thought *(v.)* cinga / *(n.)* ingcinga
thousand iwaka
threat intsongelo
threaten ukusongela
three isithathu
throat umqala
through phumela
throw gibisela, jula
thumb isithupha
thunder indudumo
Thursday uLwesine
ticket itikiti; **round-trip ticket** itikiti lokuya
  nokubuya
tie *(v.)* bopha, qhina / *(n.)* iqhina
time ixesha
tip *(n.)* incam / *(v.)* thambekisa
tire *(v.)* dinisa / *(n.)* ithayari; **flat tire** ithayari
  elingenamoya, ithayari iflethi
today namhlanje
together kunye
toilet ithoyilethi; **public toilet** ithoyilethi kawonke-
  wonke
toilet paper iphepha lasendlini yangasese
toll *(n.)* itholi / *(v.)* betha instimbi
tomato itumato
tomorrow ngomso

tonight ngokuhlwa nje
tool isixhobo somsebenzi
tooth izinyo
toothache izinyo elibuhlungu
toothbrush ibrashi yokucoca amazinyo
toothpaste intlama yamazinyo
top umphezulu
tortoise ufudo
torture thuthumbisa
total pheleleyo
touch chukumisa, phatha
tourist umcandi-zwe
towel itawuli
town edolophini
trade rhweba
tradition isithethe
traditional -esithethe
traffic izithuthi
trail umkhondo, umzila
train *(n.)* uloliwe, itreyini
train station isitishi setreyini
transfer tshintshela
translate guqulela
translator umguquleli
transplant kumilisela kwenye indawo
transport isithuthi
transportation uthutho; **public transportation**
  izithuthi zikawonke-wonke
trap *(v.)* gcayisela / *(n.)* umgibe
trash ubuvuv, inkunkuma
travel hamba
tray itreyi
treat nyanga
trespassing ngena ngaphandle kwemvume
trial ulingo
triangle unxantathu
tribe isizwe

trick *(n.)* iqhinga / *(v.)* qhatha
trip uhambo
trolley itroli
trouble *(v.)* khathaza
truck ilori
trunk *(tree trunk)* isiqu somthi; *(car trunk)* ibhuti
trust *(v.)* thembela / *(n.)* ithemba
truth inyaniso
try zama
true inyaniso
Tuesday uLwesibini
tunnel itonela
turn *(v.)* jika, jikeleza
tutor umfundisi ongowakho wedwa
twelve ishumi elinesibini
twenty amashumi amabini
twice kabini
twin iwele
type *(n.)* uhlobo / *(v.)* chwetheza, thayipa

U

umbrella isambrela
uncle umalume, utatomncinci
uncomfortable ukungakhululeki
unconscious -ngekho zingqondweni
under ngaphantsi kwa-
underground ngaphantsi komhlaba
understand qonda
underwear isinxibo sangaphantsi
undo khulula
unfamiliar -ngaqhelekanga
unhappy -ngonwabanga
uniform *(n.)* iyunifomu
union umanyano
United States Amanzwe amanyeneyo
university iyunivesithi

unlock vula
until ukufikela, de
unusual -ngaqhelekanga
up *(adv.)* phezulu
use *(v.)* sebenzisa / *(n.)* ukusebenzisa
usual -qhelekileyo

V

vacancy isithuba somsebenzi
vacant -ngenanto
vacation iholide
vaccinate gonya
vaccination ugonyo
vanilla ivanila
vegetable umfuno
vegetarian udlamfuno
vehicle inqwelo
veil isigubungelo
vein umthambo
verb isenzi
very kanye
video ividiyo
view bukela
village ilali
vinegar iviniga
violence ubugebenga
virus intsholongwane
visa ivisa, imvume yokungena kwelinye ilizwe;
   entry visa ivisa yokungena
visit *(v.)* tyelela / *(n.)* utyelelo
visitor undwendwe
voice ilizwi
volunteer *(n.)* ivolontiya / *(v.)* ukwenza ngokuz-
   ithandela
vomit *(v.)* hlanza, khupha / *(n.)* umkhupho
vote ivoti

W

wait linda
wake vuka
walk *(v.)* hamba / *(n.)* ukuhamba
wall udonga
wallet isipaji
want funa
war imfazwe
warm -shushu, fudumele
warn lumkisa
warning isilumkiso
warthog inxagu
wash hlamba
washing machine umatshini wokuhlamba
watch *(v.)* qwalasela / *(n.) (timepiece)* iwotshi
water amanzi
we si-, thina
wear nxiba
weather imozulu
wedding umtshato
Wednesday uLwesithathu
week iveki
weekday usuku leveki
weekend impelaveki
weigh kalisha, veyisha
welcome -amkelekile
well *(interj.)* heke, ke / *(n.) (for water)* iqula
west eNtshona
what ntoni
wheat ingqolowa
wheel ivili
wheelchair isitulo esinamavili
when nini
where phi
whisky iwiski
whistle *(v.)* betha umlozi / *(n.)* umlozi

white mhlophe
who bani
why kutheni
wife unkosikazi
wild -sendle
win zuza
wind umoya
window ifestile
wine iwayini
wing iphiko
winter ubusika
wipe sula
wire ucingo
wireless Internet I-inthanethi engasebenzisi cingo
wisdom ubulumko
wise lumkile
withdraw rhoxa
withdrawal ukurhoxa
without ngaphandle kwa-
woman iinkosikazi, umfazi
wood umthi, iinkuni
woods amahlathi
wool uboya
word igama
work *(n.)* umsebenzi / *(v.)* sebenza
world ilizwe
worm insthulube
worry *(v.)* khathaza / *(n.)* ukukhathazeka
wrap *(v.)* songela
wrist isihlahla
write bhala
wrong -ngalunganga

X

x-ray i-x-ray

Y

year unyaka; **last year** unyaka ophelileyo; **next year** unyaka ozayo; **New Year** Unyaka omTsha
yeast igwele
yell *(n.)* khala
yellow lubhelu, mthubi
yes ewe
yesterday izolo
yogurt iyogathi
you u-, wena
young -tsha, -ncinci
youth ulutsha

Z

zebra iqwarhashe
zealous -nezondelelo
zero unothi
zipper iziphu
zoo izu, umzi wogcino-zilo

PHRASEBOOK

BASIC PHRASES

Hello.	**Welcome!**
Molo. / Molweni.	Wamkelekile!

Yes.	**No.**	**Okay.**	**Help!**
Ewe.	Hayi.	Kulungile.	Nceda!

Good morning/afternoon/evening.
Molo. / Molweni.

Good night. Ulale kakuhle. / Lala kamnandi.

Excuse me. Uxolo.

Please. Khawu + *verb*(e). / Nceda.

Thank you. Enkosi.

You're welcome. Wamkelekile.

I'm sorry. Ndiyaxolisa.

It doesn't matter. Akunandaba.

Where is the bathroom? Iphi ithoyilethi?

I need ... Ndidinga ...

What's your name?	**My name is ...**
Ngubani igama lakho?	Igama lam ngu...

Pleased to meet you.
Ndiyavuya ukukwazi.

How are you? Unjani?

    I'm fine, thank you. Ndiphilile, enkosi.

    And you? Wena?

See you ... Sobonana ... / Ndiza kubona ...

    soon kungekudala
    later kamva / emva kwexeshana
    tomorrow ngomso

Take care! Wonwabe!

Goodbye. Hamba kakuhle. / Sala kakuhle.

Who? Ngubani?	**What?** Ntoni?
Where? Phi?	**When?** Nini?
Why? Kutheni?	

here apha   **there** apho

this lo, le, esi, olu, obu, oku   **that** loo, leyo, eso

Entrance Ngena	**Exit** Phuma
Open Vula	**Closed** Kuvaliwe

Sir Mnumzana	**Madam** Nkosikazi	
Mr. Mnumzana	**Ms.** Nkosazana	**Mrs.** Nkosikazi
Dr. Gqirha		

LANGUAGE DIFFICULTIES

Do you speak English?
Ingaba uyasithetha isiNgesi?

Does anyone here speak English?
Kukho umntu othetha isiNgesi apha?

I don't speak Xhosa.
Andisithethi isiXhosa.

I speak only a little Xhosa.
Ndisithetha kancinci nje isiXhosa.

I speak only English.
Ndithetha isiNgesi sodwa.

Do you understand?
Uyaqonda?

I understand.	**I don't understand.**
Ndiyaqonda.	Andiqondi.

How do you say ... in Xhosa?
Uthini ngesiXhosa xa ufuna ukuthi ...?

How do you spell ... in Xhosa?
Ulipela ngesiXhosa kanjani igama elithi ...?

Could you please ...?
Ndicela ...?

repeat that
uphinde loo nto

speak more slowly
uthethe ngokucothisayo

speak louder
ukhwaze

---

point out the word for me
undikhombise igama

write that down
uyibhale phantsi

wait while I look it up
ulinde ngelixa ndiyijonga

What does ... mean?
... ithetha ntoni?

TRAVEL & TRANSPORTATION

Arrival, Departure, and Clearing Customs

I'm here ...
Ndilapha ...

> **on vacation** ngeholide
> **for business** ngeshishini
> **to visit relatives** ukutyelela izizalwane
> **to study** ukufunda

I'm just passing through.
Ndiyadlula nje.

I'm going to ...	**I'm staying at ...**
Ndiya e...	Ndihlala e...

I'm staying for X ...
Ndihlala ... ezi X.

> **days** iintsuku
> **weeks** iiveki
> **months** iinyanga

I have nothing to declare.
Akukho nto endifuna ukuyirhafela.

I'd like to declare ...
Ndingathanda ukurhafela ...

Do I have to declare this?
Ingaba kufuneka ndirhafele le nto?

That is mine.	**That is not mine.**
Yeyam leyo.	Asiyoyam le.

This is for personal use.	**This is a gift.**
Ndiyayisebenzisa le.	Sisipho esi.

You Might Hear

Ingaba kukho izinto ofuna ukuzirhafela?
Do you have anything to declare?

Uzipakishele ngokwakho?
Did you pack this on your own?

Nceda uvule le bhegi.
Please open this bag.

Kufuneka uhlawule irhafu yale nto.
You must pay duty on this.

Uza kuhlala ixesha elingakanani?
How long are you staying?

Uhlala phi?
Where are you staying?

I'm with a group.
Ndihamba neqela.

I'm on my own.
Ndihamba ndedwa.

Here is my ...
Nantsi ... yam.

   boarding pass iphas yokukhwela
   ID I-ID
   passport iphaspoti
   ticket itikiti
   visa ivisa

You Might See

Ulawulo lweentengo zamanye amazwe
Customs

Ulwawolo lwePaspoti
Passport Control

Ikwaranti evuliweyo
Quarantine

Abemi baseMzanti Afrika
African Citizens

Abahambi
Foreigners

Eningahlawulelwa rhafu
Duty-Free

Indawo yokuthatha imithwalo
Baggage Claim

Ngenisa
Check-in

Amapolisa
Police

Ukuhlolwa Kokhuselo
Security Check

Buying Ticketing

Where can I buy a ... ticket?
Ndingalithenga phi itikiti le...?

>   **bus** bhasi
>   **plane** nqwelo-moya
>   **train** loliwe
>   **subway** letreyini

>   **one-way** indlela enye
>   **round-trip** eya ibuye

>   **first class** inqanaba lokuqala
>   **economy class** inqanaba likawonke-wonke
>   **business class** inqanaba loosomashishini

Can I buy a ticket on the ...?
Ndingathenga itikiti ...?

>   **bus** ebhasini
>   **train** kuloliwe
>   **subway** kuloliwe
>   **boat** esikhepheni

A ticket to ... please.
Ndicela itikiti eliya e...

One ticket, please.
Ndicela itikiti elinye.

Two tickets, please.
Ndicela amatikiti amabini.

You Might See

Amatikiti
Ticket window

Izigcinelo / Iireservations
Reservations

How much?
Yimalini?

Is there a discount for ...?
Sikhona isaphulelo ...?

children sabantwana
senior citizens samaxhego / amaxhegwazana
students sabafundi
tourists sabakhenkethi

I have an e-ticket.
Ndine-e-ticket

Do I need to stamp the ticket?
Kufuneka itikiti lifakwe istampu?

I'd like to ... my reservation.
Ndingathanda uku... isigcinelo setikiti lam.

change tshintsha
cancel cima
confirm qinisekisa

How long is this ticket valid for?
Lihlala ixesha elingakanani eli tikiti?

I'd like to leave ...   **I'd like to arrive ...**
Ndingathanda ukuhamba ...   Ndingathanda ukufika ...

today namhlanje
tomorrow ngomso
next week kule veki izayo

in the morning kusasa
in the afternoon emva kwemini
in the evening ngorhatya
late at night ebusuku

Traveling by Airplane

When is the next flight to ...?
Inqwelomoya eya... elandelayo inini?

Is there a bus/train to the airport?
Ikhona ibhasi/uloliwe oya kwisikhululo senqwelo-moya?

How much is a taxi to the airport?
Yimalini iteksi eya kwisikhululo senqwelo-moya?

Airport, please.
Ndicela ukuya kwisikhululo senqwelo-moya.

My airline is ...
Inqwelo-moya yam ngu....

My flight leaves at ...
Inqwelo-moya ihamba ngo...

My flight number is ...
Inombolo yenqwelo-moya yam yi...

What terminal? / What gate?
Kweyiphi igheyithi?

Where is the check-in desk?
Indawoni idesika yongeniso?

My name is ...   **I'm going to ...**
Igama lam ngu...   Ndiya e...

Is there a connecting flight?
Ingaba ikhona inqelomoya-elandelayo/edibnanisayo?

I'd like a/an ... flight.
Ndicela inqwelo-moya ...

> **direct** eya nqo
> **connecting** edibanisayo
> **overnight** ehamba ngobusuku

You Might See

Ngenisa
Check-in

Ungeniso lwe-e-ticket
E-ticket check-in

Ipasi lokukhwela
Boarding pass

Ukukhwela
Boarding

Unagada
Security

Imithwalo
Baggage claim

Izizwe
International

Asekhaya
Domestic

Abafikayo
Arrivals

Abahambayo
Departures

Ezidibanisayo
Connections

I have ...
Ndine ...

> **one suitcase** tasi enye
> **two suitcases** tasi ezimbini
>
> **one carry-on item** nto enye endikhwela nayo
> **two carry-on items** zinto ezimbini endikhwela nazo

Do I have to check this bag?
Kufuneka ndiyingenise le ngxowa?

How much luggage is allowed?
Kuvumeleke umthwalo ongakanani?

I'd like a/an ... seat.
Ndingathanda isihlalo esi...

> **window** sefestileni
> **aisle** indlela phakathi kwezitulo
> **exit row** kumgca wokuphuma

You Might Hear

Olandelayo!
Next!

Ndicela ipasi lakho.
Your passport/boarding pass, please.

Khupha yonke into ezipokethini.
Empty your pockets.

Khulula izihlangu zakho.
Take off your shoes.

Beka zonke izinto zentsimbi etreyini.
Place all metal items in the tray.

Inombolo yenqwelo-moya ...   **Inombolo yegeyithi ...**
Flight number ...   Gate number ...

Ingqwlo-moya enombholo ... iyalayisha ngoku.
Now boarding flight number ...

Can you seat us together?
Ungasihlalisa kunye?

Is the flight ...?
Ingaba inqwelo-moya ...?

  on time ihamba ngexesha
  delayed ihamba enva kwexesha
  canceled irhoxisiwe

Where is the baggage claim?
Indawoni indawo yolulanda imithwalo?

I've lost my luggage.
Ndilahlekelwe ngumthwalo wam.

TRAVEL & TRANSPORTATION

My luggage has been stolen.
Umthwalo wam ubiwe.

My suitcase is damaged.
Itasi yam yonakele.

Traveling by Train

Which line goes to ... Station?
Sesiphi isiporo esiya kwisitishi ...?

Is it direct?
Ihamba nqo?

Is it a local train?
Nguloliwe walapha?

Is it an express train?
Ngulolowe ongamisiyo?

Do I have to change trains?
Kufuneka nditshintshe oololiwe?

Can I have a schedule?
Ndingafumana iphepha lamaxesha?

When is the last train back?
Ungabani ixesha uloliwe wokugqibela obuyayo?

Which track?
Kwesiphi isiporo?

Where is track ...?
Siphi isiporo ...?

Where is/are the ...?
Iphi ...?

   dining car inqwelo ekutyelwa kuyo
   information desk idesika yolwazi
   luggage lockers iilokhari zomthwalo
   reservation desk idesika yezigcinelo
   ticket machine umatshini wamatikiti
   ticket office iofisi yamatikiti
   waiting room igumbi lokulinda

This is my seat.
Sisihlao sam esi.

Can I change seats?
Ndingatshintsha isihlalo?

Here is my ticket.
Nali itikiti lam.

What station is this?
Sesiphi esisitishi?

What is the next station?
Sesiphi isitishi esilandelayo?

Does this train stop at ...?
Lo loliwe uyama e...?

Traveling by Bus and Subway

Where is the nearest bus stop?
Siphi isitishi sebhasi esikufutshane?

Where is the nearest subway station?
Siphi isitishi esifusthane sikaloliwe?

Which ...?
Yeyiphi ....?

gate igeyithi		**line** isiporo	
station isitishi		**stop** isitishi	

Can I have a bus map?
Ndingafumana imaphu yebhasi?

Can I have a subway map?
Ndingayifumana phi imaphu kaloliwe?

How far is it?
Kukude kangakanani?

How do I get to ...?
Ndiya njani e...?

Which bus do I take for ...?
Ndikhwela eyiphi ibhasi ukuya e...?

You Might See

Isitishi sebhasi
Bus stop

Isitishi sikaloliwe
Subway station

Ngena
Entrance

Phuma
Exit

Which subway do I take for ...?
Ndithatha owuphi ololiwe ukuya e...?

Is this the bus to ...?
Yibhasi eya e... le?

Is this the subway to ...?
Lo loliwe uya e...?

When is the ... bus to ...?
Ifika nini ibhasi ... eya e... ?

first yokuqala   **next** elandelayo   **last** yokugqibela

Do I have to change buses?
Kufuneka nditshintshe ibhasi?

Where do I transfer
Nditshintsha phi?

Can you tell me when to get off?
Ungandixelela ukuba ndehle phi?

How many stops to ...?
Zizitishi ezingaphi phambi kwe ...?

Where are we?
Sindawoni?

Next stop, please!
Ndicela undimisele kwisitishi esilandelayo!

Stop here, please!
Ndicela umise apha!

Traveling by Taxi

Taxi!	**Can you call a taxi?**
Teksi!	Ungafownela iteksi?

Where can I get a taxi?
Ndingayifumana phi iteksi?

I'd like a taxi now.
Ndingathanda iteksi ngoku.

I'd like a taxi in an hour.
Ndingathanda iteksi enva kweyure.

Pick me up at ...	**Take me to...**
Ndilande e...	Ndise ...

   this address kule dilesi
   the airport kwisikhululo senqwelo-moya / epoti
   the train station esitishini sikaloliwe
   the bus station kwisikhululo sebhasi

Can you take a different route?
Ungahamba ngenye indlela?

Can you drive faster?	**Can you drive slower?**
Ungaqhuba ngokukhawuleza?	Ungacothozisa ukuqhuba?

Stop here.	**Wait here.**
Yima apha.	Linda apha.

How much will it cost?	**You said it would cost ...**
Kuza kuba yimalini?	Uthe kuza kuba yi...

Keep the change.
Gcina itshintshi.

Traveling by Car

Renting a Car

Where is the car rental?
Iphi indawo eqashisa ngeemoto?

I'd like (a/an) ...
Ndingathanda ...

> **cheap car** imoto engabiziyo / enexabiso eliphantsi
> **compact car** imoto encinci
> **van** iveni
> **SUV** iSUV
> **automatic transmission** imoto ezithsintshelayo
> **manual transmission** imoto etshintshwayo
> **scooter** isikuta
> **motorcycle** isithuthuthu
> **air conditioning** iair conditioning
> **child seat** isitulo somntwana

How much does it cost ...?
Yimalini ...?

> **per day** ngosuku
> **per week** ngeveki
>
> **per kilometer** ngekhilomitha
> **per mile** ngemayile
> **for unlimited mileage** umgama ongenasiphelo
>
> **with full insurance** ne-inshorensi epheleleyo

Are there any discounts?
Zikhona izaphulelo?

I have an international driver's license.
Ndinelayisensi yokuqhuba kazwelonke

I don't have an international driver's license.
Andinayo ilayisensi yokuqhuba kazwelonke

```
● ● ● ● ● ● ● ● ● ● ● ● ● ● ● ●
                 You Might Hear

    Ndiza kudinga inxenye yentlawulo.
    I'll need a deposit.

    Bhala oonobumba bokuqala begama apha.
    Inital here.

    Tyikitya apha.
    Sign here.
● ● ● ● ● ● ● ● ● ● ● ● ● ● ● ●
```

I don't need it until ...
Andiyidingi kude kube ...

Monday NgoMvulo	**Friday** NgoLwesihlanu
Tuesday NgoLwesibini	**Saturday** NgoMgqibelo
Wednesday NgoLwesithathu	**Sunday** NgeCawe
Thursday NgoLwesine	

Fuel and Repairs

What kind of fuel does it use?
Isebenzisa amafutha anjani?

Where's the gas station?   **Fill it up.**
Iphi igaraji?   Yigcwalise.

I need ...
Ndidinga ...

gas amafutha

leaded i-leaded   unleaded i-unleaded

regular i-regular   super i-super
premium i-premium   diesel idizili

Check the ...
Jonga ...

> **battery** ibhetri
> **brakes** iibreyksi
> **headlights** izibane zangaphambili
> **oil** ioyili
> **radiator** i-radiator
> **tail lights** izibane zangasemva
> **tires** amavili
> **transmission** i-transmission

The car broke down.
Imoto ime endleleni.

The car won't start.
Imoto ayifuni kuduma.

I ran out of gas.
Ndiphelelwe ngamafutha emoto.

I have a flat tire.
Ndinevili eliphelelwe ngumoya.

I need a ...
Ndidinga ...

> **jumper cable** ijumper cable
> **mechanic** umakhenikhi
> **tow truck** imoto etsalayo

Can you fix the car?
Ungayilungisa imoto?

When will it be ready?
Iza kulunga nini?

Problems while Driving

There's been an accident.
Kukho ingozi.

Call the police.
Fowunela amapolisa.

Call an ambulance.
Fowunela iambulensi.

My car has been stolen.
Imoto yam ibiwe.

My license plate number is ...
Inombo yemoto yam ngu...

Can I have your insurance information?
Ndingafumana iinkcukacha zakho zeinshorensi?

Can I park here?
Ndingamisa apha?

Where's the parking lot/garage?
Iphi igaraji?

How much does it cost?
Yimalini?

Is parking free?
Kumiswa simahla?

What's the speed limit?
Uthini umgqaliselo wesantya?

How much is the toll?
Yimalini itholi?

Can I turn here?
Ndingajika apha?

You Might See

Yima
Stop

Nikezela
Yield

Indlela ehamba icala elinye
One way

Akungenwa
Do not enter

Isantya esivumelekileyo
Speed limit

Getting Directions

Excuse me, please!
Uxolo!

Can you help me?
Ungandinceda?

Is this the way to ...?
Yile indlela eya e...?

Is this the right road to ...?
Yindlela eyiyo le eya e...?

How far is it to ...?
Kukude kangakanani e...?

How much longer until we get to ...?
Lixesha elide kangakanani side sifike e...?

Where's ...?
Kuphi ...?

> **... Street** Kwisitalato i...
> **this address** kule dilesi
> **the highway** uhola wendlela
> **the downtown area** edolophini

Where am I?
Ndindawoni?

Can you show me on the map?
Ndicela undibonise kwimaphu?

Do you have a road map?
Unayo imaphu yeendlela?

I'm lost.
Ndilahlekile.

How do I get to ...?
Ndiya njani e...?

How long does it take ...?
Kuthatha ixesha elingakanani ...?

> **on foot** ngeenaywo
> **by car** ngemoto
> **using public transportation** ngezithuthi zikawonke-won

You Might Hear

Hamba nqo. Go straight ahead.

Jika ngasekunene. Turn right.
Jika ngasekhohlo. Turn left.

ngapha kwendlela across the street

ekujikeleni around the corner

phambili forward

phambi (kwe) in front (of) / before

emva backward / behind / after

isiphambuka esilandelayo at the next intersection
kwizibane zendlela ezilandelayo at the next traffic light

ecaleni next to   **ngase** near   **kude** far

emntla north   **emzantsi** south
empuma east   **entshona** west

Thatha ... Take ...

    iblorho the bridge
    indlela ephumayo the exit
    uhola wendlela the highway
    isitalato i... ... Street/Avenue
    isekile the traffic circle
    itonele the tunnel

ACCOMMODATIONS

Where is the nearest ...?
Indawo i... ekufutshane?

Can you recommend a/an ...
Ungandicebisa ...?

hotel ihotele
inn i-inn
bed-and-breakfast ibed-and-breakfast
motel imotel
guesthouse indlu yabakhenkethi
(youth) hostel ihostel

I'm looking for ... accommodations.
Ndikhangela iindawo zokuhlala ezi...

inexpensive engadurwanga
traditional sithethe / siko
clean cocekileyo
conveniently located sendaweni efukelelekayo

Is there English-speaking staff?
Abasebenzi abathetha isiNgesi bakhona?

Booking a Room and Checking In

I have a reservation under ...
Ndinesigcinelo phantsi ko...

Do you have any rooms available?
Ninawo amagumbi angasenezanga?

I'd like a room for tonight.
Ndingathanda igumbi ngobubusku.

I don't have a reservation.
Andinasigcinelo.

Can I make a reservation?
Ndigenza isigcinelo?

I'd like to reserve a room ... for XX nights
Ndingathanda ukugcinelwa igumbi ... iintsuku ezi XX.

for one person lomntu omnye
for two people labantu ababini

with a queen-size bed elinebhedi eyiqueen size
with two beds elinebhedi ezimbini

How much is it?   **How much is it per night/person?**
Yimalini?   Yimalini ngobusuku/umntu ngamnye?

Is breakfast included?
Isidlo sakusasa sibaliwe?

Does that include sales tax (VAT)?
Irhafu ibaliwe?

Can I pay by credit card?
Ndingabhatala ngekhadi letyala?

My credit card number is ...
Inamba yekhadi lam ithi ...

Is there a curfew?
Kukho ixesha elibekiweyo lokubuya?

When is check-in?
Lunini ungeniso?

May I see the room?
Ndingalibona igumbi?

Do you have (a/an) ...?
Ninayo ...?

    air conditioning iair conditioning
    business center iziko lwamashishini
    cots ikhoti
    crib ikhribhi
    elevator ilift
    gym ijimu
    hot water amanzi ashushu
    kitchen ikhitshi
    laundry service inkonzo yokuhlamba impahla
    linens amashiti / iingubo
    microwave oven imayikhroweyvui
    non-smoking rooms amagumbi ekungatshaywa kuwo
    phones iifowuni
    pool ichibi
    private bathrooms indlu yangasese yabanini bodwa
    restaurant iresityu
    room service ukuthengiselwa egumbini
    safe isefu
    television umabonakude
    towels iitaweli
    wireless Internet i-intanethi ewayalesi

Do you have anything ...?
Akukho nto ...?

    bigger inkulwana
    cleaner icocekileyo
    quieter ithuleyo
    less expensive exabisa ngaphantsi

I'll take it.
Ndiza kulithatha.

Is the room ready?	**When will the room be ready?**
Lilungile igumbi?	Liza kulunga nini igumbi?

At the Hotel

room number inamba yegumbi
floor umgangatho
room key isitshixo segumbi

Where is the ...?
Iphi ...?

   bar ibhari
   bathroom indlu yangasese
   convenience store ivenkile
   dining room igumbi lokutyela
   drugstore ikhemisti
   elevator ilift
   information desk idesika yolwazi
   lobby ilobhi
   pharmacy ikhemisti
   pool ipuli
   restaurant iresityu
   shower ishawari

Can I have (a) ...?
Ndingafumana ...?

   another room key esinye isitshixo segumbi
   blanket ingubo
   clean sheets amashiti acocekileyo
   pillow umqamelo
   plug for the bath iprop
   soap isepha
   toilet paper itoilet paper
   towels iitaweli
   wake-up call at ... kuvukwa ngo...

I would like to place these items in the safe.
Ndifuna ukufaka ezi zinto kwisefu.

I would like to retrieve my items from the safe.
Ndingathanda ukukhupha izinto zam kwisefu.

Can I stay an extra night?
Ndingahlala obusuku obongezelelweyo?

How can somebody call my room?
Umntu ulifowunela njani igumbi lam?

There's a problem with the room.
Kukho ingxaki negumbi.

The ... doesn't work.
... ayisebenzi.

> **air conditioning** Iair conditioning
> **door lock** Isitshixo somnyango
> **hot water** Amanzi ashushu
> **shower** Ishawari
> **sink** Isinki
> **toilet** Ithoyilethi

The lights won't turn on.
Izibane azilayiti.

The ... aren't clean.
... azicocekanga.

> **pillows** Imiqamelo
> **sheets** Amashiti
> **towels** Iitoweli

The room has bugs/mice.
Igumbi linezinambuzane/lineempuku.

The room is too noisy.
Igumbi linengxolo eninzi.

I've lost my key.
Ndilahle isitshixo sam.

I've locked myself out.
Ndizitshixele.

Checking Out

When is check-out?
Linini ixesha lokuphendla?

When is the earliest I can check out?
Ndingaphendla ngabani ixesha phambi kwexesha?

When is the latest I can check out?
Leliphi ixesha lokugqibela endinokuphendla ngalo?

I would like to check out.
Ndingathanda ukuhamba.

I would like a receipt.
Ndingathanda irisiti.

I would like an itemized bill.
Ndingathanda iakhawunti edwelisiwe inkonzo.

There's a mistake on this bill.
Kukho impazamo kule akhawunti.

Please take this off the bill.
Ndicela uyisuse le kule nkcazelo-xabiso.

The total is incorrect.
Elixabiso lokugqibela alilunganga.

I would like to pay ...
Ndingathanda ukubhatala ...

   by credit card ngekhadi letyala
   by traveler's check ngetsheki yabahambi
   in cash ngemali

Can I leave my bags here until ...?
Ndingazishiya apha iingxowa zam kude ...?

ACCOMMODATIONS

Renting Accommodations

I'd like to rent (a/an) ...
Ndingathanda ukuqasha ...

> **apartment** iapartment
> **house** indlu
> **room** igumbi

How much is it per week?
Yimalini ngeveki?

I intend to stay for XX months.
Ndizimisele ukuhlala iinyanga ezi...

Is it furnished?
Inayo ifenishala?

Does it have/include (a/an) ...?
Inazo ...?

> **cooking utensils** izinto zokupheka
> **dishes** izitya
> **dryer** idryer
> **kitchen** ikhitshi
> **linens** amashiti / iingubo
> **towels** iitaweli
> **washing machine** umatshini wokuhlamba impahla

Do you require a deposit?
Nidinga inxenye yentlawulo?

When is the rent due?
Imali yokuqasha ibhatalwa nini?

Who is the superintendent?
Ngubani i-superintendent?

Who should I contact for repairs?
Ndithetha nabani ngezinto ezifuna ukulungiswa?

Camping and the Outdoors

campsite indawo yokukampa

Can I camp here?
Ndingakampisha apha?

Where should I park?
Ndimise ndawoni?

Do you have ... for rent?
Ninazo ... eziqashisayo?

cooking equipment izinto zokupheka
sleeping bags iingxowa zokulala
tents iintente

Do you have ...
Ninazo ...

electricity umbane
laundry facilities indawo zokuhlamba impahla
showers iishawari

How much is it per ...?
Yimalini ...?

lot wonke umntu
person umntu ngamnye
night ngobusuku

Are there ... that I should be careful of?
Ingaba kukho ... ekufneka ndizilumkele?

animals izilwanyana
insects izinambuzane
plants izityalo

5

DINING OUT

Meals

breakfast isidlo sakusasa
lunch isidlo sasemini
brunch ibrantshi
dinner isidlo sangokuhlwa
snack amashwamshwam
dessert idizethi

Types of Restaurants

bar ibhari
bistro ibhistro
buffet i-buffet
café ikhafe
fast food restaurant iresityu yokutya okukhawulezayo
halal restaurant iresityu ehalal
kosher restaurant iresityu ekosher
pizzeria indawo yepizza
restaurant iresityu
snack bar ibhari yamashwamshwam
steakhouse indlu yenyama
teahouse indawo yeti
vegan restaurant iresityu yevegans
vegetarian restaurant iresityu yabantu abangatyi nyama

Can you recommend a/an ...?
Ungandicebisa ...?

  good restaurant iresityu elungileyo
  restaurant with local dishes iresityu enokutya
    kwalapha
  inexpensive restaurant iresityu enamaxabiso asezantsi
  popular bar ibhari edumileyo

Reservations / Getting a Table

I have a reservation for ...
Ndinesigcinelo ...

The reservation is under ...
Isigcinelo siphansti ko...

I'd like to reserve a table for ...
Ndingathanda ukugcinelwa itafile ...

Can we sit ...?
Singahlala ...?

  over here apha
  over there phaya
  by a window ngasefestileni
  outside phandle
  in a non-smoking area kwindawo ekungatshaywa kuyo

How long is the wait?
Lide kangakanani ixesha lokulinda?

Ordering at a Restaurant

It's for here. **It's to go.**
Ndizotya apha. Ndizohamba nako.

Waiter! / Waitress! **Excuse me!**
Weyithara! Uxolo!

I'd like to order.
Ndingathanda ukuthenga.

Can I have a ... please?
Ndicela ...?

  menu imenyu
  wine list isidweliso seewayini
  drink menu imenyu yezisela
  children's menu imenyu yabantwana

Do you have a menu in English?
Ninayo imenyu ebhalwe ngesiNgesi?

Do you have a set/fixed price menu?
Ninayo imenyu yamaxabiso abekiweyo?

What are the specials?
Zithini izaphulelo?

What do you recommend?
Uncoma ntoni?

Can you recommend some local dishes?
Ungandicebisa ukutya kwalapha?

I'll have ...
Ndiza kutya ...

Do you have ...?
Ninayo ...?

What's this?
Yintoni le?

What's in this?
Kukho ntoni kule nto?

Is it ...?
Ingaba ...?

    spicy iybaba   **sweet** imnandi / iswiti
    bitter ikrakra
    hot iytshisa   **cold** iyabanda

I'd like it with ...
Ndingayithanda ne...

I'd like it without ...
Ndingayithanda ngaphandle kwe...

Are there any drink specials?
Ingaba zikhona izaphulelo zeziselo?

A light beer, please.
Ndicela ibhiya ekhaphu-khaphu.

A dark beer, please.
Ndicela ibhiya emnyama.

I'd like a bottle of ...
Ndingathanda ibhotile ye...

  red wine wayini ebomvu
  white wine wayini emhlophe
  rosé wine wayini epinki
  house wine wayini yalapha
  dessert wine wayini efakelelwe utywala
  dry wine waiyini engenaswekile
  champagne shampeyini

Can I have a ...?
Ndingafumana ...?

  glass of ... iglasi ye...
  bottle of ... ibhotile ye...
  pitcher of ... iglasi enkulu ye...

Special Dietary Needs

I'm on a special diet.
Nditya ukutya okukhethekileyo.

Is this dish free of animal product?
Oku kutya akunanto yasilwanyama kwaphela?

I'm allergic to ...	**I can't eat ...**
Ndinealeji kwi...	Andikwazi ukutya ...

  dairy ubisi
  eggs amaqanda
  gelatin ijelathini
  gluten into encangathi efunyamwa emgubeni
  meat inyama
  MSG IMSG
  nuts amantongomane
  peanuts amantongomane
  seafood ukutya kwaselwandle
  spicy foods ukutya okubabayo
  wheat ingqolowa

I'm diabetic.
Ndineswekile.

Do you have any sugar-free products?
Ninazo izinto ezingenaswekile?

Do you have any artificial sweeteners?
Ninazo iiswekile ezenziweyo?

I'm vegan.   **I'm vegetarian.**
Ndiyivegan inyama.   Andiyityi inyama.

Do you have any vegetarian dishes?
Ninako ukutya kwabantu abangatyi nyama?

Complaints at a Restaurant

This isn't what I ordered.   **I ordered ...**
Asiyiyo le nto bendiyicelile le.   Ndicele ...

This is ...
Le nto ...

> **cold** iyabanda
> **undercooked** ayivuthisiswanga
> **overcooked** ivuthwe kakhulu
> **spoiled** imoshakele / ibolile
> **not fresh** ayintshanga
> **too spicy** ibaba kakhulu
> **too tough** iqine kakhulu
> **not vegetarian** ayikukutya okungenanyama

Can you take it back, please?
Ndicela uyibuyisele?

I cannot eat this.
Andikwazi ukuyitya le nto.

How much longer until we get our food?
Lixesha elingakanani side sifumane ukutya kwethu?

We cannot wait any longer.
Asikwazi ukulinda ngaphezu koku.

We're leaving.
Siyahamba.

Paying at a Restaurant

Check, please!
Ndicela ngetsheki!

We'd like to pay separately.
Signathanda ukuzibhatalela sonke.

Can we have separate checks?
Singafumana itsheki ezahlukeneyo?

We're paying together.
Sibhatala kunye.

Is service included?
Inkonzo/Itip ibaliwe?

What is this charge for?
Yimali yantoni le?

There is a mistake in this bill.
Kukho impazamo kwelixabiso.

I didn't order that.
Khange ndiyithenge leyo.

Can I have a receipt, please?
Ndicela irisit?

Can I have an itemized bill, please?
Ndingafumana iakhawuni edwelisiweyo?

It was delicious!
Bekumnandi!

FOOD & DRINK

Cooking Methods

baked ebhakiweyo
boiled ebilisiweyo
braised yojiwe
breaded ifakwe isonka
creamed inekhrimu
diced inqunqiwe
filleted yenziwe imitya
grilled yojiwe
microwaved efakwe emayikhroweyvini
poached iphekwe ngamanzi
re-heated efudunyeziweyo
roasted eyojiweyo
sautéed yojiwe kancinci ngamafutha
smoked inukiswe umsi
steamed ephekwe ngomphunga
stewed iphekiwe
stir-fried yojiwe
stuffed ifakelwe
toasted erhawuliweyo

rare engvuthwanga
medium rare evuthwe kancinci
well-done ephekisisiweyo

on the side ecaleni

Tastes

bitter ikrakra
bland ayinancasa
salty inetyuwa
sour imuncu
spicy iyababa / iyaqhwetha
sweet imnandi / iswithi

Dietary Terms

decaffeinated ikhutshwe ikhafeyini
free-range eyasekhaya
genetically modified iguqulwe iijini
gluten-free ayinayo igluten
kosher i-kosher / ukutya okulungele amaJuda
low-fat ayinamafutha
low in cholesterol inekholesteroli ephantsi
low in sugar eneswekile esezantsi / eneswekile encinci
organic eyendalo / ephilayo
salt-free ayinatyuwa
soup isuphu
vegan umntu ongakutyiyo ukutya okwenziwe ngezilwanyana
vegetarian umntu ongayityiyo inyama

Breakfast Foods

bacon ibheyikhoni
bread isonka
butter ibhotolo
cereal ipapa
cheese isonka samasi / itshizi
cream ucwambu
eggs amaqanda
   boiled egg iqanda elibilisiweyo
   fried egg iqanda eliqhotsiweyo
granola igranola
honey ubusi
jam/jelly ijamu
omelet iqanda
porridge isidudu
sausage isoseji
yogurt iyogathi

Vegetables

asparagus iasparagus
avocado iavokhado
beans iimbotyi

broccoli ibrokholi
cabbage ikhaphetshu
carrot umnqathe
cauliflower ikholiflawa
celery iseleri
chickpeas ichickpeas
corn umbona
cucumber i-cucumber
eggplant i-eggplant
garlic igalikhi
lentils iimbotyi
lettuce ilethasi
mushrooms ikhowa / inkowane
okra iokra
olives umnquma
onion itswele
peas iipeas
pepper ipepile
potato izambane / itapile
radish iradish
spinach isipinatshi
sweet potato ibhatata
tomato itumato

Fruits and Nuts

apricot iapilikosi
apple iapile
banana ibhanana
blueberry iqunube
cashew indongomane le-cashew
cherry itsheri
clementine inatshi
coconut ikokonathi
date iidate
fig ifiya
grape umdiliya / idiliya
grapefruit i-grapefruit
guava igwava
lemon ilamuni / umuncwane
lime i-lime

mandarin imandarin
mango imengo
melon umxoxozi
orange iorenji
paw paw iphopho
peanut intongomane
peach ipesika
pear ipere
pineapple ipayina
plum iplam
pomegranate ipomegranate
raspberry iraspberry
strawberry iqunube
tangerine inartyisi
walnut iwolnathi
watermelon ivatala

Meats

beef inyama yenkomo
burger ibhega
chicken inyama yenkuku
  fried chicken inkuku eqhotsiweyo
duck inyama yedada
goat inyama yebhokwe
ham inyama yehagu
lamb inyama yegusha
liver isibindi
pork inyama yehagu
rabbit inyama yomvundla
roast meat inyama oyojiweyo
sausage isoseji
steak inyama yenkomo
turkey ikarkun
veal inyama yetakane

Seafood

calamari ikhalamari
clams ii-clams
crab unonkala

fish intlanzi
lobster ilobsta
mussels iimbaza
octopus ingwane
salmon isalamoni
shrimp ishirimpi

Desserts

cake ikeyiki
cookie amaqebengwana
ice cream i-ice cream
pastries ezibhakiweyo
pie ipayi
pudding ipudding / isimuncumuncu
whipped cream ucambu

Drinks

Non-alcoholic drinks

apple juice ijusi yeapile
coffee (black) ikofu emnyama
coffee with milk ikofu enobisi
hot chocolate itshokolethu eshushu
lemonade ilemoneyidi
milk ubisi
milkshake isiselo sobisi
mineral water amanzi aphuma engxagxasini /
    amanzi ezombiwa
orange juice ijusi yeorenji
sparkling water amanzi ahlwahlwazayo
soda / soft drink idriki ehlwahlwazayo
soymilk ubisi lwesoya
tea iti
water amanzi

Alcoholic drinks

beer ibhiya
    bottled beer ibhiya esebhotileni

---

    canned beer ibhiya esetotini
    draft beer ibhiya yedrafthi
brandy ibranti
champagne ishampeyini
cocktail umxube wotywala
gin ijin
liqueur ilikhiyo
margarita imagarita
martini imartini
rum irum
scotch iscotch
tequila itequila
vermouth ivermouth
vodka igranqa
whisky igranqa / iwiski
wine iwayini
    dessert wine iwayini efakelelwe utywala
    dry wine iwayini engenaswekile
    red wine iwayini ebomvu
    rosé wine iwayini epinki
    white wine iwayini emhlophe

Condiments

ketchup isosi yetumato
salt ityuwa
sugar iswekile
vinegar iviniga

Grocery Shopping

Where is the nearest market/supermarket?
Iphi ivenkile le grosali ekufutshane?

Where are the baskets/carts?
Ziphi iibaskiti/iitroli?

I'd like some of this/that.
Ndingathanda intwana yale/yaleyo.

Can I have (a) ...?
Ndicela ...?

> **(half) kilo of ...** ihafu yekhilo...
> **liter of ...** ilitha ye...
> **piece of ...** iqatha le...
> **two pieces of ...** amaqatha amabini e...
> **little more/less** kakhulwana / kancinane

Can I have a little of ... please?
Ndicela intwana ye...?

Can I have a lot of ... please?
Ndicela kakhulu kwi...?

That's enough, thanks.
Kwanele oko, enkosi.

Where can I find ...?
Ndingayifumana ndawoni ...?

> **cleaning products** izinto zokucoca
> **dairy products** izinto zobisi
> **deli section** ideli
> **fresh produce** ukutya okutsha
> **fresh fish** intlanzi entsha
> **frozen foods** ukutya okufakwe emkhenkceni
> **household goods** izinto zasendlwini
> **meats** iinyama
> **poultry** inyama yenkukhu

I need to go to the ...
Ndidinga ukuya e...

> **bakery** bheykhari
> **butcher shop** slarheni
> **convenience store** ivenkile
> **fish market** markeni yentlanzi
> **produce market** imarike yezinto ezintsha
> **supermarket** venkileni yegrosali

You Might See

Yithengise ngo... Sell by ...

Gcina efrijini Keep refrigerated

Ukutya okulungele amaJuda Kosher

Izikhulele ngendalo Organic

Iyangena kwimayikhroweyv Microwaveable

Yitya kungekagqithi iintsuku ezi... ivuliwe
Eat within ... days of opening

Yifudumeze phambi kokuba utye
Reheat before consuming

Ibalungele abantu abangayityiyo inyama
Suitable for vegetarians

Paying for Groceries

Do I pay here?
Ndibhatala apha?

Do you accept credit cards?
Niyawathatha amakhadi?

I'll pay in cash.
Ndiza kubhatala ngemali.

I'll pay by credit card.
Ndiza kubhatala ngekhadi.

Paper/Plastic, please.
Ndicela iplastiki.

I don't need a bag.
Andidingi ngxowa.

I have my own bag.
Ndinengxowa yam.

MONEY & BANKING

Where can I exchange money?
Ndingayitshintshisa phi imali?

Is there a currency exchange office nearby?
Ikhona iofisi yokutshintshisa imali kufutshane?

I'd like to exchange ... for ...
Ndingathanda ukutshintshisa ... ibe yi...

> **US dollars** idola zaseMelika
> **pounds** iponti yaseBritani
> **Canadian dollars** iidola yaseKhanada
> **euros** iiyuro
> **traveler's checks** iitsheko zabakhenkethi
> **SA Rands** iiranti

What is the exchange rate?
Yimalini ukutshintsha imali?

What is the commission change?
Yintoni ikhomishini?

Can you write that down for me?
Ungandibhalela phantsi?

Banking

Is there a bank near here?
Ikhona ibhanki ekufutshane apha?

Where is the nearest ATM?
Undawoni umatshini wokhupha imali okufutshane?

What time does the bank open/close?
Ivula/Ivala ngabani ixesha ibhanki?

Can I cash this check here?
Ndingayitshintsha ibeyimali le tsheki apha?

You Might See at an ATM

Faka ikhadi Insert card
IPIN namba PIN number
Qhubeka Enter
Cima Clear / Cancel
Yeka Cancel
Itsheki Checking
Ulondoloza Savings
Khupha Withdrawal
Faka Deposit
Iristi Receipt

I would like to get a cash advance.
Ndingathanda ukufumana imali phambi kwexesha.

I would like to cash some traveler's checks.
Ndingathanda ukutshintsha iitsheki zam zabakhenkethi zibeyimali.

I've lost my traveler's checks.
Ndilahle itsheki zabakhenkethi zam.

The ATM ate my card.
Umatshini uginye ikhadi lam.

SHOPPING

Where's the ...?
Indawoni ...?

    antiques store ivenkile yezinto ezinqabileyo / ezindala
    bakery ibheyikhari
    bookstore ivenkile yeencwadi
    camera store ivenkile yekhamera
    clothing store ivenkile yeempahla
    department store ivenkile enkulu
    electronics store ivenkile yezinto zombane
    gift shop ivenkile yezipho
    health food store imveliso yempilo
    jeweler ivenkile yezihombiso
    liquor store ivenkile yotywala
    mall imoli
    market imarka
    music store ivenkile yomculo
    pastry shop ivenkile yokutya okubhaliweyo
    pharmacy ikhemisti
    shoe store ivenkile yezihlangu
    souvenir store ivenkile yezipho zabakhenkethi
    supermarket ivenkile yokutya
    toy store ivenkile yezinto zokudlala

Getting Help at a Store

Where's the ...?
Indawoni ...?

    cashier umntu wokubhatala
    escalator iziteps zombane
    elevator ilift
    fitting room igumbi lokulinganisa
    store map imaphu yevenkile

Can you help me?
Ungandinceda?

I'm looking for ...
Ndikhangela ...

Where can I find ...?
Ndingayifumana phi ...?

I would like ...
Ndingathanda ...

I'm just looking.
Ndiyajonga nje.

I want something ...
Ndifuna into ...

big enkulu **small** encinci **local** yalapha
cheap enexabiso eliphantsi **expensive** eduru

Can you show me that?
Ungandibonisa leyo?

Can I see it?
Ndingayibona?

Do you have any others?
Ninazo ezinye?

Is it authentic?
Yeyanyani?

Can you ship this?
Ningakwazi ukuyiposa le?

Can you wrap this?
Ungayisongela le?

Do you have this in ...?
Ninayo ... yale?

black emnyama **pink** epinki
blue eluhlaza **purple** epepuli
brown emdaka **red** ebomvu
gray engwevu **white** emhlophe
green eluhlaza **yellow** etyheli
orange eorenji

Do you have anything lighter?
Aninayo into ekhanyayo kunoku?

Do you have anything darker?
Ingaba inento emnyama kunoku?

That's not quite what I want.
Asiyiyo le nto ndiyifunayo ncam.

I don't like it.
Andiyithandi.

I'll take it.
Ndiza kuyithatha.

Paying at a Store

How much?
Yimalini?

Does the price include tax?
Ibaliwe irhafu kwelixabiso?

That's too expensive.
Iduru kakhulu.

I'll give you ...
Ndiza kunika ...

Do you have anything cheaper?
Aninayo into enexabiso elingaphatsi?

I can only pay ...
Ndingakwazi ukubhatala ... kuphela.

I'll have to think about it.
Kuza kufuneka ndiyicinge.

Is that your best price?
Le lona xabiso lakho lihle elo?

Can you give me a discount?
Ungandinika isaphulelo?

Where can I pay?
Ndingabhatala phi?

Can I have a receipt?
Ndingafumana iristi?

I'll pay in cash.
Ndiza kubhatala ngemali.

I'll pay by credit card.
Ndiza kubhatala ngekhadi.

Do you accept traveler's checks?
Niyazithatha itsheki zabakhenkethi?

I have a/an ...
Ndine ...

> **ATM card** khadi lo matshini wokukhupha imali
> **credit card** khadi le tyala
> **debit card** ikhadi lemali
> **gift card** khadi elisisiphiwo

Complaining at a Store

This is broken.   **It doesn't work.**
Yophukile le nto?   Ayisebenzi.

I'd like ...
Ndingathanda ...

   to exchange this ukutshintshisa le nto
   to return this ukubuyisa le nto
   a refund ubuyiselwa imali yam
   to speak to the manager ukuthetha nomphathi

Grocery Shopping. *See page 163*
Pharmacy. *See page 202*

SERVICES

bank ibhanki
barber ibhabha
dry cleaner indawo yokuhlamba iimpahla
hair salon isaluni yeenwele
laundromat inkonzo yokuhlamba iimpahla
nail salon isaluni yenzipho
spa ispa
travel agency inkonzo yabahamba-hambayo

At the Hair Salon / Barber

I'd like a ...
Ndingathanda ...

> **color** umbala
> **cut** ukucheba
> **perm** iphem
> **shave** ukucheba
> **trim** ukuphungula

Cut about this much off.
Ukucheba kangaka.

Can I have a shampoo?
Ndingahlamba intloko?

Cut it shorter here.
Cheba zibe mfutshanana apha.

Leave it longer here.
Ziyeke zindana apha.

At a Spa / Nail Salon

I'd like a ...
Ndingathanda ...

  facial ukwenziwa ubuso
  manicure ukwenza amazipho ezandla
  massage imasagi
  pedicure ukwenza amazipho eenyawo
  wax iweksi

  aromatherapy iaromatherapy
  acupuncture iacupuncture
  sauna isauna

At a Laundromat

Is there ...?
Ikhona ...?

  full-service inkonzo eyenziwa ngokupheleleyo
  self-service inkonzo yokuzenzela
  same-day service inkonzo yamini-nye

Do you have ...?
Ninayo ...?

  bleach ijik
  change itshintshi
  detergent isepha yempahla
  dryer sheets amalaphu angena kwidraya
  fabric softener ista-soft

This machine is broken.
Wonakele lo matshini

How does this work?
Isenbenza njani le?

When will my clothes be ready?
Ziza kulunga nini iimpahla zam?

whites ezimhlophe
colors ezinamabala
delicates ezibuthathaka

hand wash vasa ngesandla
gentle cycle isayikile ezobuthathaka
permanent press eziayinwayo

dry clean only zihlanjwa nge-dry clean kuphela

cold water amanzi abandayo
warm water amanzi ashushu
hot water amanzi atshisayo

Banking. *See page 166*
Travel Agency. *See page 129*

NATIONALITIES & PLACE NAMES

Where were you born? Wazalelwa phi?

  I was born in ... Ndazalelwa e...

Where are you from? Ungowaphi?

  I'm from ... Ndingowase...

    Australia Australia
    Canada Khanada
    England Ngilane
    Ireland Ireland
    New Zealand New Zealand
    the United Kingdom Britane
    the United States Melika

I'm ... Ndingummi wase ...

    American Melika
    Australian Australia
    Canadian Khanada
    English Ngilane
    Irish Ireland
    a New Zealander New Zealand
    Scottish Skotlani
    Welsh Wales

International Cities

Beijing eBeijing
Berlin eBerlin
Boston eBoston
Chicago eChicago
Dallas eDallas
Dublin eDublin
London eLondon
Los Angeles eLos Angeles
Moscow eMoscow
New York eNew York
Paris eParis

PhiladelphiaePhiladelphia
Quebec eQuebec
Toronto eToronto
Vancouver eVancouver
Washington, D.C. eWashington, D.C.

South African Cities

Cape Town eKapa
Durbane Thekwini
Johannesburg eGoli
Port Elizabeth eBhayi
Tshwane eTshwane

FAMILY

This is my ...
Lo ngu ... wam.

husband mnyeni   **wife** mfazi   **partner** iqabane

mother mama   **father** tata

older brother mkhuluwa   **younger brother** mninawa
older sister sisi   **younger sister** sisi omncinci

cousin mzala
aunt *(maternal)* makazi / *(paternal)* dadobawo
uncle *(maternal)* malume / *(paternal)* tata

grandmother makhulu   **grandfather** tatomkhulu

mother-in-law mamazala   **father-in-law** tatazala
brother-in-law bhuti   **sister-in-law** sisi

step-mother mama   **step-father** tata
step-sister sisi   **step-brother** bhuti

RELIGION

What religion are you?
Ulandela eyiphi inkolelo?

I am ... Ndi...

agnostic andikholelwa
atheist andikholelwa kuThixo
Buddhist LiBhudda
Catholic NgumKatolike
Christian NgumKristu
Hindu LiHindu
Jewish LiJuda
Muslim NgumIslam

INTERESTS & LEISURE

Do you like ...?
Uyathanda ...?

art ubugcisa	**cinema** ifilimu
music umculo	**sports** imidlalo
theater umdlalo weqonga	

Yes, very much.	**Not really.**	**A little.**
Ewe, kakhulu.	Hayi ncam.	Kancinci.

I like ...	**I don't like ...**
Ndithanda ...	Andithandi ...

Can you recommend a good ...?
Ungancdicebisa ... emnandi?

book incwadi
CD iCD
exhibit umboniso
museum imuseum
film ifilimu / umboniso bhanya-bhanya
play umdlalo weqonga

What's playing tonight?
Kudlala ntoni ebusuku namhlanje?

I like ... films/movies.
Ndithanda iifilimu ezi...

action ezikhawulezayo
art zobugcisa
comedy hlekisayo
drama imidlalo
foreign zaphesheya
horror zoyikisayo
musical zomculo
mystery ngemfihlakalo
romance zothando
suspense bambisa umphefumlo / zenza ixhala

What are the movie times?
Athini amaxesha eefilimu?

Sports

I like ...
Ndithanda ...

baseball ibaseball
basketball ibasketball
bicycling ukuqhuba ibhayisekile
boxing amanqindi
diving ukuqhuba
football (American) ibhola ekhatywayo yaseMelika
golf galufa
hiking ukunyuka intaba
martial arts ezobuchwepheshe bokulwa
skiing ukutyibiliza
soccer ibhola ekhatywayo
surfing ukubhejonga
swimming ukuqubha
tennis intenetya
volleyball ivolleyball

When's the game?
Unini umdlalo?

Would you like to go to the game with me?
Ungathanda ukuya endlaweni nam?

What's the score?
Athini amanqaku?

Who's winning?
Kuphumelela bani?

Do you want to play?
Ufuna ukudlala?

Can I join in?
Ndingangena?

FRIENDS & ROMANCE

What are your plans for ...?
Athini amalungiselelo akho ...?

> **tonight** asebusuku
> **tomorrow** angomso
> **the weekend** angempela-veki

Would you like to get a drink?
Ungathanda ukuyofumana into yokusela?

Where would you like to go?
Ungathanda ukuya phi?

Would you like to go dancing?
Ungathanda ukuyodanisa?

I'm busy. Ndixakekile.	**No, thank you.** Hayi, enkosi.
I'd like that. Ndingayithanda loo nto.	**That sounds great!** Kuvakala kumnandi oko!

Go away! Hamba!	**Stop it!** Yeka loo nto!

I'm here with my ...
Ndilapha no... wam.

> **boyfriend** nesithandwa **girlfriend** nesithandwa
> **husband** myeni **wife** mfazi **partner** qabane
> **friend(s)** mhlobo / abahlobo

I'm ...
Ndi...

> **single** a(ndi)tshatanga **married** tshathile
> **separated** hlukene **divorced** qhawule umtshato
> **seeing someone** ncuma nomntu

Do you like men or women?
Uthanda amadoda okanye abafazi?

I'm ... Ndi...

    bisexual thanda izini zombini
    heterosexual ndithanda esinye isini
    homosexual ndithanda isini esinye nesam

Can I kiss you?
Ndingakuncamisa?

I like you.
Ndiyakuthanda.

I love you.
Ndiyakuthanda.

COMMUNICATIONS

Mail

Where is the post office?
Indawoni iofisi yokuposa?

Is there a mailbox nearby?
Ikhona ibhokisi yeposi kufutshane?

Can I buy stamps?
Ndingathemnga izitampu?

I would like to send a ...
Ndingathanda ukuthumela ...

   letter incwadi
   package/parcel ipasele
   postcard ikhadi

It contains ... Ine...

Please send this via ...
Ndicela uthumele le nto nge ...

   air mail posi yomoya
   registered mail posi esemthethweni
   priority mail posi ebaluleke kakhulu
   regular mail posi eqhelekileyo

It's going to ... Iya e...

   Australia Australia
   the United States Melika
   Canada Khanada
   Ireland Ireland
   New Zealand New Zealand
   Scotland Scotland
   the United Kingdom Britani

How much does it cost?
Yimalini?

When will it arrive?
Iza kufika nini?

What is ...? Ithini ...?

> **your address** idilesi yakho
> **the address for the hotel** idilesi yehotele
> **the address I should have my mail sent to**
> idilesi ekufuneka iposi yam ithunyelwe kuyo

Can you write down the address for me?
Ungandibhalela phantsi idilese?

Is there any mail for me?
Ingaba ikhona iposi yam?

Domestic Zasekhaya
International Zezizwe
Customs Ulawulo lweentengo zangaphandle

postage iposi
stamp isitampu
envelope imvulophu
postal code ikhowudi yeposi
postal insurance i-inshorensi yeposi

Telecommunications

Where is a pay phone?
Indawoni ifowuni

Can I use your phone?
Ndingasebenzisa ifowuni yakho?

I would like to ...
Ndingathanda uku...

> **make an overseas phone call** fowunela phesheya
> **make a local call** fowunela apha elizweni
> **send a fax** thumela ifaksi

What is the country code for ...?
Ithini i-code yase ...?

What number do I dial for ...?
Ndicofa eyiphi inamba ukufuna ...?

information ulwazii
an outside line ucingo olungaphandle
an operator umsebenzisi

What is the phone number for the ...?
Ithini inamba ye...?

hotel hotele   **office** ofisi
restaurant resityu   **embassy** embhasi

What is your ...?
Ithini ... yakho?

phone number inamba
home phone number inamba yasekhaya
work phone number inamba yasemsebenzini
extension (number) inamba yakho yesongezelelo
fax number inamba yefaksi
cell phone number inamba yeselula

Can you write down your number for me?
Ungandibhalela phantsi inamba yakho?

My number is ...
Inamba yam ithi ...

I would like to buy a/an ...
Ndingathanda ukuthenga ...

domestic phone card ikhadi lokufowunela apha
international phone card ikhadi lokufowunela
  phesheya
disposible cell phone iselula phone elahlekayo
SIM card iSIM khadi
cell phone recharge card ikhadi lokufakela umoya
  kwifoni
pre-played cell phone iselula fown ebhatelweyo

What is the cost per minute?
Yimali ngomzuzu?

I need a phone with XX minutes.
Ndindinga ifown enemizuzu e...

How do I make calls?
Ndifowuna njani?

collect call ehlawulela ngumphenduili
toll-free eyasimahla
phonebook incwadi yeenamba
voicemail umyalezo

On the phone

Hello?   **Hello, this is ...**
Molo?   Molo, ngu... lo.

May I speak to ...?
Ndicela uthetha no...?

... isn't here; may I take a message?
U... akakho; ndingathatha umyalezo?

I would like to leave a message for ...
Ndingathanda ukushiyela u... umyalezo.

Sorry, wrong number.
Uxolo, yinamba engeyiyo.

Please call back later.
Nceda uphinde ufowne emva kwexeshana.

I'll call back later.
Ndiza kuphinde ndifowne emva kwexeshana.

Goodbye.
Hamba kakuhle. / Sala kakuhle.

Computers and the Internet

Where is the nearest ...?
Indawoni ... ekufutshane?

> **Internet café** i-internet cafe
> **computer repair shop** ivenkile elungisa iikhompyutha

Do you have ...?
Unayo ...?

> **available computers** iikhompyutha ezingasetyenziswayo
> **(wireless) Internet** i-intanethi / iWiFi
> **a printer** iprinta
> **a scanner** iskena

How do you ...?
Wenza njani xa ufuna ... uku-?

> **turn on this computer** layita le khompyutha
> **log in** ngena
> **connect to the wi-fi** ngena kwiWiFi
> **type in English** bhala ngesiNgesi

How much does it cost for ...?
Yimalini ...?

> **15 minutes** imizuzu eyi15   (**15** = ishumi elinesihlanu)
> **30 minutes** imizuzu eyi30   (**30** = amashumi amathathu)
> **one hour** iyure

What is the password?
Ithini ipassword?

My computer ...
Ikhompyutha yam ...

> **doesn't work** ayisebenzi
> **is frozen** imile
> **won't turn on** ayifuni kulayita
> **crashed** icimile / iyekile
> **doesn't have an Internet connection** ayina-intanethi

COMMUNICATIONS

Windows Windows
Macintosh Macintosh
Linux Linux

computer ikhompyutha
laptop ilaptop

USB port indawo yokufaka iUSB
ethernet cable iethernet cable

e-mail i-imeyili

PROFESSIONS

What do you do? Wenza ntoni?

I'm a/an ... Ndi...

accountant yiaccountant
admisistrative assistant yiadminitstrative assistant
aid worker yiaid worker
architect yiarchitect
artist ngumtu wobugcisa
assistant ngumncedisi
banker sebenza ebhankini
businessman/businesswoman ngusomashishini
carpenter umcweli
CEO yiCEO
clerk yiklek
consultant yiconsultant
construction worker ngumakhi
contractor yicontractor
coordinator yicoordinator
dentist ngugqirha wamazinyo
director yidirector
doctor ngugqirha
editor mgumhleli
electrician ngusombane
engineer yinjineli
intern yi-intern
journalist ngosondaba
lawyer ligqwetha
librarian sebenza kwithala le ncwadi
manager yimamajala
nurse ngumongikazi
politician sopolotiko
secretary ngunobhala
student ngumfundi
supervisor ngumphathi
teacher ngutitshala
writer ngumbhali

I work in ... Ndisebenza ...

academia Kwimfundo
accounting Kuphengulo-ncwadi zemali
advertising Kubhengezo
the arts Kwezobugcisa
banking Ebhankini
business Kwamashishini
education Kwezemfundo
engineering Kwezobuchwephetshe
finance Kwezemali
government Eburhulumenteni
journalism Kwezendaba
law Kwezomthetho
manufacturing Imveliso
marketing Kwezorhwebo
the medical field Kwezempilo
politics Kwezobupolotika
public relations Ubudlelwane kuwonke-wonke
publishing Kwezopapasho
a restaurant Eresityu
a store Evenkileni
social services Inkonzo zentlala kahle
the travel industry Iziko lezothutho

BUSINESS

I have a meeting/appointment with ...
Ndiendinga no...

Where's the ...?
Indawoni ...?

>   **business center** iziko lwamashishini
>   **convention hall** iholo le nkomfa
>   **meeting room** igumbi le ntlanganiso

Can I have your business card?
Ndingafumana ikhadi lakho loshishino?

Here's my name card.
Nali ikhadi le gama lam.

I'm here for a ...
Ndize apha kwi...

>   **conference** nkomfa   **meeting** ntlanganiso
>   **seminar** isemina

My name is ...
Igama lam ngu...

May I introduce my colleague ...
Ndingakwazisa kumntu endisebenza naye u...

Pleased to meet you.
Ndiyavuya ukukwazi.

I'm sorry I'm late.
Ndiyaxolisa ngokufika emva kwexesha.

You can reach me at ...
Ungandifumana ku...

I'm here until ...
Ndilapha kude kube ...

You Might Hear

Enkosi ngokuza.
Thank you for coming.

Ndicela umzuzwana.
One moment, please.

Unedinga?   **Nabani?**
Do you have an appointment?   With whom?

U... He/She ...

   sentlanganisweni is in a meeting
   hambe nomsebenzi is on a business trip
   seholidayini is away on vacation
   sandula kuphuma just stepped out
   ndiza kubanawe ngoku-ngoku will be right with you
   ndiza kubona ngoku will see you now

Ndicela uhlale phantsi.
Please have a seat.

I need to ...
Ndidinga uku...

   make a photocopy kwenza ikopi
   make a telephone call fowuna
   send a fax thumela ifaksi
   send a package overnight thumela ipasele ngobusuku
   use the Internet sebenzisa i-intanethi

It was a pleasure meeting you.
Bekumnandi ukudibana nawe.

I look forward to meeting with you again.
Ndiyakulangazelela ukuphinda ndidibane nawe.

Business Vocabulary

advertisment intengiso
advertising ukubhengeza
bonus ibhonasi
boss umphathi
briefcase itasi
business ishishini
business card ikhadi le shishini
business casual (dress) ukunxibela ishishini
casual (dress) ezesiqhelo
cell phone number inamba yeselula
certification amaphepha
certified namaphepha
colleague umntu osebenza naye
company inkampani
competition ukhuphiswano
competitor umgqatswa
computer ikhompyutha
conference inkomfa
contract ikontrakhti
course ikhosi
cubicle igunjana
CV iCV
deduction imali etsalwayo
degree isidanga
desk idesika
e-mail address idilesi ye-imeyili
employee umsebenzi
employer umqashi
equal opportunity ithuba elilinganayo
expenses iindleko
experience amava
fax number inamba yefaksi
full-time isigxina
global izwelonke
income ungeno-mali
income tax irhafu yongeno-mali
insurance i-inshorensi
job umsebenzi

joint venture ukudibanela
license ilayisensi
mailing ukuthumela
marketing urhwebo
meeting intlanganiso
minimum wage owona mrholo uphantsi umisiweyo
multinational yezizwe ezininzi
office iofisi
office phone number inamba yeofisi
paperwork umsebenzi wamaphepha
part-time owexeshana
printer iprinta
profession umsebenzi
professional -ncaphephe
project iqweba
promotion unyuselo
raise unyuselo-mali
reimbursement ubuyiselo-mali
resume buyela enkomeni / ushwankathelo-nkcukacha
    zomntu
salary umrholo
scanner iskena
seminar isemina
suit isuti
supervisor umongameli
tax ID i-ID yerhafu
tie iqhina
uniform iyunifomu
union imanyano
visa i-visa
wages umrholo
work number inamba yomsebenzi
work permit isivumelo sokusebenza

MEDICAL

Can you recommend a good doctor?
Ungandicebisa uqhirha olungileyo?

I'd to make an appointment for ...
Ndingathanda ukwenza idinga la ...

today namhlanje
tomorrow ngomso
next week kule veki izayo
as soon as possible ngokukhawuleza

Can the doctor come here?
Ugqirha angeza apha?

What are the office hours?
Athini amaxesha omsebenzi?

It's urgent.
Ingxamisekile.

I need a doctor who speaks English.
Ndidinga ugqira othetha isiNgesi.

How long is the wait?
Kulindwa ixesha elingakanani?

You Might Hear

Uneealeji?
Do you have any allergies?

Akhona amayeza owatyayo?
Are you on any medications?

Tyikitya apha.
Sign here.

At the Doctor

I have (a/an) ... Ndine ...

   allergies aleji
   allergic reaction ndalisa kwi....
   arthritis sifo samathambo
   asthma sifuba
   backache mqolo obuhlungu
   bug bites lunywe zizinambuzane
   chest pain ntlungu esifubeni
   cold ngqele
   cramps yalunywa
   diabetes swekile
   diarrhea yahambisa
   earache ndlebe
   fever fiva
   flu flu
   fracture cha
   heart condition ngxaki yentliziyo
   high blood pressure unxinzelelo oluphezulu lwegazi
   infection suleleko
   indigestion kuqunjelwa
   low blood pressure uxinzelelo oluphantsi lwegazi
   pain ntlungu
   rash rhashalala
   swelling dumbile
   sprain kruneko
   stomchache sisu
   sunburn thiswe lilnaga
   sunstroke tshiswe lilanga
   toothache zinyo
   urinary tract infection suleleko kwilungu lomchamo
   venereal disease isifo sokulala

I need medication for ...
Ndidinga iyeza ...

I've been sick for ... days.
Ndigula iinsuku ezi...

I'm ... Ndi ...

bleeding yopha
constipated qhiniwe
dizzy isiyezi
having trouble breathing phefumla nzima
late for my period gqithile exesheni
nauseous ziva ingathi ndiza kughabha
pregnant khulelwe
vomiting yaghaba

It hurts here.
Kubuhlunga apha.

It's gotten worse.   **It's gotten better.**
Kuya kuba kubi.   Ndiyachacha.

Treatments and Instructions

Do I need a prescription medicine?
Ingaba ndidinga amayeza amiselwe ngugqirha?

Can you prescribe a generic drug?
Ungandimisela iyeza elifana nelona yeza limiselweyo?

Is this over the counter?
Ndingazithengela ekhawuntarini?

How much do I take?
Ndithatha kangakanani?

How often do I take this?
Ndiyithatha?

Are there side effects?
Ingaba kukho imiphumela engalindelekanga?

Is this safe for children?
Ibalungele abantwana le?

You Might Hear

Phefumla kakhulu. Breathe deeply.

Nceda ukhohlele. Cough please.

Ndeca ukhulule. Undress, please.

Kubuhlungu apha? Does it hurt here?

Vula umlomo wakho. Open your mouth.

Kufuneka ubone ingcali. You should see a specialist.

Kufuneka uye esibhedlele. You must go to the hospital.

Buya emva kweeveki ezimbini. Come back in two weeks.

Udinga ulandeliso. You need a follow-up.

yophukile broken	**ukruneka** sprained
iyosulela contagious	**sulelekile** infected

Ndikumisela ... I'm prescribing you ...

  iantibiotics antibiotics
  anti-virals anti-virals
  amafutha an ointment
  ipilisi zentlungu painkillers

Udinga ... You need (a/an) ...

  ukuhlolwa igazi blood test
  ukuhlatywa inaliti injection
  idrip IV
  ukuhlolwa komqala strep test
  ukuhlolwa umchamo urine test

I'm allergic to ...
Ndinealeji kwi- ...

   antibiotics antibiotics
   anti-inflammatories zibulala-kudumba
   aspirin aspirin
   codeine codeine
   penicillin penisilini

Payment and Insurance

I have insurance.
Ndine-inshorens.

Do you accept ...?
Niyayamela ...?

How much does it cost?
Yimalini?

**Can I have an itemized receipt for my insurance
please?**
Ndingafumana iakahwunti edweliswe inkonzo yokunika
i-inshorensi yam?

Can I pay by credit card?
Ndingabhatala ngekhadi letyala?

Will my insurance cover this?
I-inshorens yam iza kuyibhatalela le nto?

At the Optometrist

I need an eye exam.
Ndidinga ukuhlowa amehlo.

I've lost ... Ndilahle ...

   a lens ilens
   my contacts iicontacts zam
   my glasses iiglasi zamehlo zam

Should I continue to wear these?
Ingaba kulungile ndiqhubekeka ukunxiba ezi?

Can I select new frames?
Ndingakhetha iframe entsha?

How long will it take?
Izothatha ixesha elide kangakanani?

I'm nearsighted/farsighted.
Ndibona kufutshane/kude.

At the Gynecologist

I have cramps.   **I have an infection.**
Ndiyalunywa.   Ndinosuleleko.

My period is late.   **My last period was ...**
Ixesha lam ligqithile.   Ndigqibele ukubasexesheni ...

I'm on the Pill.
Nditya iipilisi zokucwangcisa.

I'm not pregnant.   **I'm ... months pregnant.**
Andikhulelwanga.   Ndineenyanga ezi... ndikhulelwe.

I need ... Ndidinga ...

   a contraceptive isicwangcisi
   the morning-after pill ipilisi imorning after
   a pregnancy test uvavanyo lokukhulelwa
   an STD test uvavanyo lweSTD

At the Dentist

This tooth hurts.
Libuhlungu eli zinyo.

I have a toothache.
Ndinezinyo.

I have a cavity.
Izinyo lam libolile.

My tooth is broken.
Izinyo lam lophukile.

I've lost a filling.
Ufakelo kwizinyo lulahlekile.

Can you fix these dentures?
Ungalungisa amazinyo afakelwayo?

My teeth are sensitive.
Amazinyo ama abuthathaka.

You Might Hear

Kufuneka ufakelo.
You need a filling.

Ndikuhlaba inaliti.
I'm giving you a local anesthetic.

Kufuneka ndikhuphe eli zinyo.
I have to extract this tooth.

Ungatyi nto iiyure ezi...
Don't eat anything for ... hours.

At the Pharmacy

Where's the nearest (24-hour) pharmacy?
Iphi ikhemisti ehlala evuliwe ekufutshane?

What time does the pharmacy open/close?
Ikhemisti ivula/ivala ngabani ixesha?

How long is the wait?
Kulindwa ixesha elide kangakanai?

I'll come back for it.
Ndiza kuyibuyela.

What do you recommend for (a/an) ...?
Ungandicebisa ntoni ...?

   allergies iialeji
   cold ngengqele
   cough ukhohlo-khohlo
   diarrhea ukuhambisa
   hangover ibhabhalza
   motion sickness ukuguliswa yinto ehamba emanzini
   post-nasal drip ukuthontsisela ngaphakathi empumlweni
   sore throat umqala
   upset stomach isisu

Do I need a prescription?
Ingaba ndidinga ummiselo kagqirha weyeza?

I'm looking for (a/an) ...   **Do you have (a/an) ...?**
Ndikhangela ...   Unayo ...?

   aftershave i-aftershave
   anti-diarrheal isilwa-kuhambisa
   antiseptic rinse ukuxukuxa ngesinqanda-kubola
   aspirin iaspirin
   baby wipes amalaphu okusula umntwana
   bandages amabhandeji
   cold medicine iyeza le ngqele
   comb ikama

You Might See/Hear

Thatha ... Take ...

emva kokutya after eating
phambi kokulala before bed
phambi kokutya before meals
ekuseni in the morning
ungekatyi on an empty stomach
ngomlomo orally
kabini ngosuku twice daily
namanzi amaninzi with plenty of water

Ayityiwa For external use only

Ginya iphelele Swallow whole

Ingadala isiyezi May cause drowsiness

Musa ukudibanisa notywala
Do not mix with alcohol

conditioner ikhondishina
condoms iikhondomu
cotton balls iibhola zoboya
dental floss irhari yokucoca amzinyo
deodorant isibulala-vumba
diapers amanapkeni
gauze ilaphu lamanxeba eliyasuyasu
hairbrush ibrashi yeenwele
hairspray isitsitsi-seenwele
hand lotion into yokuthanbis izandla
ibuprofen i-ibuprofen
insect repellant into egxotha izinambuzane
moisturizer into yokuthambisa
mousse (hair) i-mousse yenwele
mouthwash isixukuxi
shampoo isepha yeenwele
shaving cream ikhrimu yokucheba
soap isepha
sunblock isithethel'anga
tampons iitampon
thermometer ithemomitha
throat lozenges izimunyumunyu zomqala
tissues iithsishu
toilet paper iphepha lasethoyilethi
toothbrush ibrashi yamazinyo
toothpaste intlama yamazinyo
vitamins iivithamini

PARTS OF THE BODY

abdomen isisu
anus indutsu
appendix ithunjana
arm ingalo
back umqolo
belly button umbhono
bladder isinyi
bone ithambo
buttocks iimpundu
breast ibele
chest isifuba
ear indlebe
elbow ingqiniba
eye iliso
face ubuso
finger umnwe
foot unyawo
gland idlala
hair iinwele
hand isandla
heart intliziyo
hip inyonga
intestines amathumbu
jaw indlathi
joint ukudibana kwamath-
  ambo
kidney intso
knee idolo
leg umlenze

lip umlebe
liver isibindi
lung iphaphu
mouth umlomo
muscle isihlunu
neck intamo
nose impumlo
penis incanca
rectum umva
rib imbambo
shoulder igxalaba
skin ulusu
stomach isisu
testicles amasende
thigh ithanga
throat umqala
thumb ubhontsi
toe inzwane
teeth amazinyo
tooth izinyp
tongue ulwimi
urethra ithumbu lomchamo
uterus isibeleko
vagina inyo
vein umsipha
waist isinqe
wrist imhlahla

GENERAL EMERGENCIES

Help!	**Fire!**	**Thief!**	**Police!**
Nceda!	Umlilo!	Isela!	Mapolisa!

It's an emergency!	**Quickly!**	**Be careful!**
Ingxamisekile!	Khawuleza!	Lumka!

Stop!	**Leave me alone!**	**Go away!**
Yima!	Ndiyeke!	Hamba!

There's been an attack!	**There's been an accident!**
Kubekho uhlaselo!	Kuye kwakho untlitheko!

Call ...!
Fowunela ...!

>   **an ambulance** iambhulensi
>   **a doctor** ugqirha
>   **the fire department** abacimi mlilo
>   **the police** amapolisa

Is anyone here ...?
Ukhona umntu apha o...?

>   **a doctor** ngugqirha
>   **trained in CPR** qeqeshwe kwiCPR

Where is the ...?
Indawoni ...?

>   **American embassy** iAmerican Embassy
>   **bathroom** indlu yangasese
>   **hospital** isibhedlele
>   **police station** isikhululo samapolisa

Can you help me?	**I'm lost.**
Ungandinceda?	Ndilahlekile.

Can I use your phone?
Ndingasebenzisa ifown yakho?

```
••••••••••••••••••••••••••••
•                                    •
•           You Might See            •
•                                    •
•  Ixesha likaxakeka    Isibhedlele   •
•  Emergency            Hospital      •
•                                    •
•  Amapolisa            Isikhululo samaPolisa •
•  Police               Police Station •
•                                    •
••••••••••••••••••••••••••••
```

Talking to Police

I've been ...
Ndi...

    assaulted hlaselwe   **raped** dlwengulwe
    mugged khuthuziwe   **robbed** khuthuziwe
    swindled qhathiwe

That person tried to ... me.
Lo mntu uzame ukundi ...

    assault hlasela   **rape** dlwengula
    mug khuthuza   **rob** khuthuza

I've lost my ...   **My ... was stolen.**
Ndilahlekelwe ... yam.   ... yam ibiwe.

    bag(s) ingxowa / iingxowa
    credit card ikhadle letyala
    driver's license ilayisensi yokuqhuba
    identification i-ID
    keys izitshixo
    laptop ilaptop
    money imali
    passport ipasi
    purse isipaji / ipesi
    traveler's checks iitsheki zabahambi
    visa i-visa
    wallet isipaji

You Might Hear

Yenzeke phi le nto?
Where did this happen?

Yenzeke ngabani ixesha?
What time did it occur?

Ukhangeleka njani?
What does he/she look like?

Please show me your badge.
Ndicela undibonise i-badge yakho.

Please take me to your superior/the police station.
Ndicela undise kumphathi wakho/kwisikhululo samapolisa.

I have insurance.　　**I need a police report.**
Ndinayo i-inshorensi.　　Ndidinga ingxelo yamapolisa.

This person won't leave me alone.
Lo mntu akafuni ukundiyeka

My son/daughter is missing.
Unyana/Intombi yam ilahlekile.

He/She is XX years old.
Uneminyaka eyiXX.

I last saw the culprit XX minutes/hours ago.
Umrhanelwa ndigqibele ukumbona kwimizuzu/kwiiyure eziXX ezidlulileyo.

What is the problem?　　**What am I accused of ?**
Yintoni ingxaki?　　Ndityholwa ngantoni?

I didn't realize that it wasn't allowed.
Khange ndiyiqonde ukuba ayivumelekanga.

I didn't do anything.
Andenzanga nto.

I'm innocent.
Ndimsulwa.

I need to make a phone call.
Ndidinga ukufowuna.

I apologize.
Ndiyaxolisa.

I want to contact my embassy/consulate.
Ndifuna ukunxibelela iembassy/iconsulate yam.

I want to speak to a lawyer.
Ndifuna ukuthetha negqwetha.

I speak English.
Ndithetha isiNgesi.

I need an interpreter.
Ndidinga itoliki.

You Might Hear

Ukuphazamisa uxolo
Disturbing the peace

Olwaphulo mthetho endleleni
Traffic violation

Isohlwayo sokumisa
Parking fine

Itikiti lokuqhumba ngapha kwesantya esivumelekileyo
Speeding ticket

Ukuhlala ixesha iligqithiseleyo kwelibekiweyo kwivisa yakho
Overstaying your visa

Ubusela
Theft

NUMBERS

Cardinal Numbers

1	Inye
2	Zimbini
3	Zintathu
4	Zine
5	Zintlanu
6	Zintandathu
7	Zisixhenxe
8	Zisibhozo
9	Zilithoba
10	Ishumi
11	Ishumi elinanye
12	Ishumi elinesibini
13	Ishumi elinesithathu
14	Ishumi elinesine
15	Ishumi elinesihlanu
16	Ishumi elinesithandathu
17	Ishumi elinesixhenxe
18	Ishumi elinesibhozo
19	Ishumi elinethoba
20	Amashumi amabini
21	Amashumi amabini ananye
22	Amashumi amabini anasibini
30	Amashumi amathathu
31	Amashumi amathathu ananye
32	Amashumi amathathu anesibini
40	Amashumi amane
50	Amashumi amahlanu
60	Amashumi amathandathu
70	Amashumi asixhenxe
80	Amashumi asibhozo
90	Amashumi alithoba
100	Ikhulu
101	Ikhulu elinanye
200	Amakhulu amabini
500	Amakhulu amahlanu

1,000	Iwaka
10,000	Amawaka alishumi
100,000	Ikhulu lamawaka
1,000,000	Isigidi

Fractions

one-quarter umkhono
one-half isiqingatha
three-quarters isithathu kwezine
one-third isinye kwezintathu
two-thirds isibini kwezintathu

all onke   **none** akukho nto

Ordinal Numbers

first qala	**sixth** isithandathu
second isibini	**seventh** isixhenxe
third isithathu	**eighth** isibhozo
fourth isine	**ninth** isithoba
fifth isihlanu	**tenth** isishumi

QUANTITY & SIZE

one dozen idazini	**half a dozen** isiqingatha sedazini
a pair of ... ipere ye...	**a couple of ...** ezimbini ...
some (of) ... ezinye ...	**a half** isiqingatha
a little kancinci	**a lot** kakhulu
more ngaphezulu	**less** nciphisa
enough kwanele	**not enough** akwanelanga
too many ninzi kakhulu	**too much** ngokugqithisileyo

extra small (XS) incinci kakhulu
small (S) incinci
medium (M) iphakathi
large (L) inkulu
extra-large (XL) inkulu kakhulu

big nkulu	**bigger** nkulu kuna	**biggest** eyona inkulu
small ncinci	**smaller** ncinci kuna	**smallest** eyona incinci
fat tyebile	**skinny** bhityile	
wide banzi	**narrow** mnxinwa	
tall de	**short** futshane	**long** de

WEIGHTS & MEASUREMENTS

inch i-intshi **foot** unyawo **mile** imayile
millimeter imilimitha **centimeter** isentimitha
meter imitha **kilometer** ikhilomitha
milliliter imililitha **liter** ilitha
kilogram ikhilogramu
cup ikomityi **pint** ipayinti
quart ikota **gallon** igaloni

TIMES & DATES

Telling Time

A.M. Ekuseni   **P.M.** Emini / Ebusuku

What time is it?
Ngubani ixesha?

> **It's 5 A.M./P.M.**
> Yintsimbi yesihlanu kusasa/emva kwemini.
>
> **It's 6 o'clock.**
> Yintsimbi yesithandathu.
>
> **It's 6:30.**
> Licala emva kwentsimbi yesithandathu.
>
> **Five past three.**
> Yimizuzu emihlanu emva kwentsimbi uesithatu.
>
> **Half past two.**
> Licala emva kwentsimbi yesibini.
>
> **Quarter to eight.**
> Ngumkhono phambi wentsimbi yesibhozo.
>
> **Twenty to four.**
> Yimizuzu engamashumi amabini phambi kwentsimbi yesine.
>
> **noon** emini maqanda
> **midnight** ezinzulwini zobusuku

at 1 P.M. ngentsimbi yokuqala emini
at night ebusuku

in the morning ekuseni
in the afternoon emva kwemini
in the evening ngokuhlwa

Duration

day usuku / emini   **week** iveki
month inyanga   **year** unyaka

hour iyure   **minute** umzuzu   **second** umzuzwana

For ... Kangange ...

  one month inyanga enye
  two months iinyanga ezimbini

  one week iveki enye
  three weeks iiveki ezintathu

  one day usuku olunye
  four days iintsuku ezine

  one hour iyure enye
  six hours iiyure ezintandathu
  a half hour isiqingatha seyure

  one minute umzuzu omnye
  five minutes imizuzu emihlanu

  one second umzuzwana omnye
  five seconds imizuzuwana emihlanu

one year ago kunyaka omnye odlulileyo
five years ago kwiminyaka emihlanu edlulileyo
six months ago kwiinyanga ezintandathu ezidlulileyo

in two years kwiminyaka embini
in five months kwiinyanga ezintlanu
in two weeks kwiiveki ezimbini
in twelve days kwintsuku ezilishumi elinesibini
in three hours kwiiyure ezintathu
in five minutes kwimizuzu emihlanu
in ten seconds kwimizuzwana elishumi

yesterday izolo   **today** namhlanje   **tomorrow** ngomso

this week kule veki
next week kule veki izayo
last week kule veki iphelileyo

this month kule nyanga
next month kule nyanga izayo
last month kule nyanga iphelileyo

this year kulo nyaka
next year kulo nyaka uzayo
last year kulo nyaka uphelileyo

since ukususela   **during** ngelixa
before phambi   **after** emva
early phambi kwexesha   **late** emva kwexesha

Days of the Week

Monday uMvulo   **Friday** uLwesihlanu
Tuesday uLwesibini   **Saturday** uMgqibelo
Wednesday uLwesithathu   **Sunday** iCawe
Thursday uLwesine

Months of the Year

January EyoMqungu   **July** EyeKhala
February EyoMdumba   **August** EyeThupha
March EyoKwindla   **September** EyoMsintsi
April UTshazimpuzi   **October** EyeDwarha
May UCanzibe   **November** EyeNkanga
June ISilimela   **December** EyoMnga

Seasons

Winter uBusika
Spring iNtlakohlaza / iNtwasahlobo
Summer iHlobo
Fall/Autumn eKwindla

Shona-English/English-Shona
Dictionary & Phrasebook
1,400 entries · ISBN 0-7818-0813-8 · $12.95pb

Somali-English/English-Somali
Dictionary & Phrasebook
3,500 entries · ISBN 0-7818-0621-6 · $14.95pb

Swahili-English/English-Swahili
Dictionary & Phrasebook
5,000 entries · ISBN 0-7818-0905-3 · $12.95pb

Swahili-English/English-Swahili Practical Dictionary
35,000 entries · ISBN 0-7818-0480-9 · $27.95pb

Twi-English/English-Twi (Akuapem Twi)
Concise Dictionary
8,000 entries · ISBN 978-0-7818-0264-2 · $14.95pb

Asante Twi-English/English- Asante Twi
Dictionary & Phrasebook
4,000 entries · ISBN 978-0-7818-1329-7 · $14.95pb

Wolof-English/English-Wolof
Dictionary & Phrasebook
4,000 entries · ISBN 0-7818-1086-8 · $13.95pb

Yoruba-English/English-Yoruba
Modern Practical Dictionary
26,000 entries · ISBN 0-7818-0978-9 · $35.00pb

Zulu-English/English-Zulu
Dictionary & Phrasebook
4,000 entries · ISBN 978-0-7818-1364-8 · $14.95pb

www.ingramcontent.com/pod-product-compliance
Lightning Source LLC
Jackson TN
JSHW011359130125
77033JS00023B/744